KÖNIGS ERLÄUTERUNGEN
Band 433

Textanalyse und Interpretation zu

Erich Maria Remarque

IM WESTEN NICHTS NEUES

Wolfhard Keiser
Ergänzt von Karla Seedorf

Alle erforderlichen Infos für Abitur, Matura, Klausur und Referat
plus Musteraufgaben mit Lösungsansätzen

Zitierte Ausgabe:
Remarque, Erich Maria: *Im Westen nichts Neues*. In der Fassung der Erstausgabe mit Anhang und einem Nachwort herausgegeben von Thomas F. Schneider. KiWi Taschenbücher Nr. 1368. Köln: Kiepenheuer & Wietsch, 2. Auflage 2014.

Über den Autor dieser Erläuterung:
Dr. Wolfhard Keiser: Studium der Anglistik und Romanistik. Veröffentlichungen: *Die Zeitgenossen Richardsons und Fieldings*, 1974. *The American Dream*, 1982, *Stories of Youth and Discovery*, 1984. *Jean de la Fontaine: Fables*, 1985. *Simone de Beauvoir: Le deuxième Sexe*, 1997. *Jean Giraudoux: La guerre de Troien'aura pas lieu*, 1998. *Jean Anouilh: Antigone*, 1999. *Eugène Ionesco: Rhinocéros*, 2000. *Albert Camus: L'Étranger*, 2001. *Jean-Paul Sartre: Les Mouches*, 2003. *William Shakespeare: Der Kaufmann von Venedig*, 2004. *Beliebte Balladen interpretiert*, 2006. *Beliebte Erzählungen und Novellen interpretiert*, 2007. *Éric-Emmanuel Schmitt: Monsieur Ibrahim et les fleurs du Coran*, 2010. *François Lelord: Le Voyage d' Hector ou la recherche du bonheur*, 2011.

Das Werk und seine Teile sind urheberrechtlich geschützt. Jede Verwertung in anderen als den gesetzlich zugelassenen Fällen bedarf der vorherigen schriftlichen Einwilligung des Verlages. Hinweis zu § 52 a UrhG: Die öffentliche Zugänglichmachung eines für den Unterrichtsgebrauch an Schulen bestimmten Werkes ist stets nur mit Einwilligung des Berechtigten zulässig.

4. Auflage 2015
ISBN 978-3-8044-1979-7
PDF: 978-3-8044-5979-3, EPUB: 978-3-8044-6979-2
© 2005, 2012 by C. Bange Verlag, 96142 Hollfeld
Alle Rechte vorbehalten!
Titelbild: Szene aus dem Film *Im Westen nichts Neues* (1930) © Cinetext
Druck und Weiterverarbeitung: Tiskárna Akcent

INHALT

1. DAS WICHTIGSTE AUF EINEN BLICK – SCHNELLÜBERSICHT 6

2. ERICH MARIA REMARQUE: LEBEN UND WERK 9

2.1 Biografie — 9
2.2 Zeitgeschichtlicher Hintergrund — 15
2.3 Angaben und Erläuterungen zu wesentlichen Werken — 21

3. TEXTANALYSE UND -INTERPRETATION 30

3.1 Entstehung und Quellen — 30
3.2 Inhaltsangabe — 37
3.3 Aufbau — 50
3.4 Personenkonstellation und Charakteristiken — 67
3.5 Sachliche und sprachliche Erläuterungen — 87
3.6 Stil und Sprache — 88
3.7 Interpretationsansätze — 102
   Alfred Antkowiak (1965) — 102
   Wilhelm von Sternburg (1998) — 103
   Hans Joachim Bernhard (1958) — 104
   Günter Blöcker (1980) — 104

4. REZEPTIONSGESCHICHTE 106

Carl Zuckmayer (1929) — 106
Bruno Frank (1929) — 107
Karl Hugo Sclutius (1929) — 107
Dr. Hermann Heisler (1929) — 108
Die Rote Fahne (1929) — 108
Lewis Milestones Verfilmung (1930) — 108

5. MATERIALIEN 110

6. PRÜFUNGSAUFGABEN MIT MUSTERLÖSUNGEN 120

LITERATUR 128

STICHWORTVERZEICHNIS 132

1. DAS WICHTIGSTE AUF EINEN BLICK – SCHNELLÜBERSICHT

Damit sich jeder Leser in diesem Band rasch zurechtfindet und das für ihn Interessante gleich findet, folgt eine Übersicht.

Im 2. Kapitel wird **Erich Maria Remarques Leben** beschrieben und auf den **zeitgeschichtlichen Hintergrund** verwiesen:

⇨ S. 9–14
→ **Biografie:** Erich Maria Remarque lebte von 1898 bis 1970. Er war 1917 eineinhalb Monate an der Westfront, wurde dort verletzt und verbrachte die folgenden eineinhalb Jahre in einem Duisburger Hospital.

⇨ S. 15–20
→ **Zeitgeschichtlicher Hintergrund:** Der Erste Weltkrieg begann 1914, 1919 wurde nach großen Verlusten auf deutscher wie französischer Seite der Versailler Vertrag unterzeichnet. Im gleichen Jahr wurde die Republik ausgerufen. Die Weimarer Republik war geprägt von Weltwirtschaftskrise und politischen Unzufriedenheiten. Am 30.1.1933 wurde Hitler Reichskanzler. Bei der Bücherverbrennung 1933 wurde auch Remarques Werk dem Feuer übergeben.

⇨ S. 21–29
→ **Angaben und Erläuterungen zu wesentlichen Werken:** Remarque setzte sich in seinem Werk vor allem mit Erstem Weltkrieg, Kriegsheimkehrerproblematik, Emigrantenschicksalen, KZ-Widerständlern und dem Aufstieg der Nationalsozialisten in den 1920er-Jahren auseinander. *Im Westen nichts Neues* erschien 1929 als erster Teil einer Trilogie über die Auswirkungen des Ersten Weltkrieges bis hin zur Krise der Weimarer Republik.

| 4 REZEPTIONS-GESCHICHTE | 5 MATERIALIEN | 6 PRÜFUNGS-AUFGABEN |

Das 3. Kapitel liefert eine **Textanalyse und Interpretation** von *Im Westen nichts Neues*:

Im Westen nichts Neues – Entstehung und Quellen:

Der Roman erschien 1928 als Vorabdruck in der *Vossischen Zeitung*. Nicht zuletzt aufgrund geschickter Verlagswerbung, die den Autor als literarischen Neuling und das Beschriebene als seine authentischen Fronterlebnisse darstellte, wurde das Buch ein großer Erfolg.

⇨ S. 30–36

Inhalt:

Der Roman thematisiert die Kriegserlebnisse des 18-jährigen Paul Bäumer und seiner Kameraden während des Ersten Weltkrieges an der Westfront bis hin zu Bäumers Tod kurz vor Kriegsende.

⇨ S. 37–49

Aufbau:

Dramatisches Kampfgeschehen wechselt mit Ruhephasen und darin eingebetteten reflektorischen Passagen. Ständig wiederkehrende Motive strukturieren das aus zahlreichen Einzelepisoden bestehende Werk.

⇨ S. 50–66

Personenkonstellation und Charakteristiken:

Geschildert wird das Erleben einer Gruppe von Soldaten um den Gymnasiasten Paul Bäumer, seiner ehemaligen Klassenkameraden und einfacher Leute. Ihre verstörenden Kriegserfahrungen stehen exemplarisch für die „Verlorene Generation", wobei die Kameradschaft innerhalb der Kompanie als positiver Gegenpol zur gleichgültig-zynischen Oberschicht (Ärzte, Lehrer, hochrangige Offiziere, Großindustrielle) fungiert.

⇨ S. 67–86

Stil und Sprache:

⇨ S. 88–101

Die Sinnlosigkeit und Entsetzlichkeit des Krieges findet in Ellipsen, Hyperbeln, Assonanzen und Alliterationen ihren sprachlichen Ausdruck. Als sprachliche Verarbeitungsmöglichkeiten dienen den Soldaten Humor, Sarkasmus, Euphemismen und ein nüchtern-distanziertes bis derb-drastisches Reden über die traumatisierenden Erlebnisse.

Interpretationsansätze:

⇨ S. 102–105

Dem Roman wurde vorgeworfen, dass er keine revolutionär-aktivistische Perpektive aufweise, da die Helden der „lost generation" menschlich und geistig entwicklungsunfähig seien. Auch die episodenhafte Ausgestaltung und mangelnder Gestaltungswille wurde bemängelt.

2. ERICH MARIA REMARQUE: LEBEN UND WERK

2.1 Biografie

Erich Maria Remarque
1898 bis 1970
© Cinetext/Richter

JAHR	ORT	EREIGNIS	ALTER
1895	Osnabrück	Umzug des Vaters Peter Franz Remark, Buchbinder, von Kaiserswerth nach Osnabrück, dort Heirat mit Anna Maria Stallknecht	
1896	Osnabrück	Geburt ihres ersten Kindes, Theodor Artur Remark, der mit fünf Jahren stirbt	
1898	Osnabrück	22. Juni: **Geburt von Erich Paul Remark**	
1900	Osnabrück	Geburt der Schwester Erna	2
1903	Osnabrück	Geburt der Schwester Elfriede	3
1904–1912	Osnabrück	Volksschule	6–14
1912–1915	Osnabrück	Schüler der „katholischen Präparande" (Unterstufe der Lehrerbildungsanstalt, die auf die Ausbildung zum Volksschullehrer am katholischen Lehrerbildungsseminar vorbereitet)	14–17
1915	Osnabrück	Beginn seines Studiums	17
Frühjahr 1916	Osnabrück	Remark stößt zum Kreis um Maler und Dichter Fritz Hörstemeier, der sich in einem kleinen Zimmer in der Liebigstr. 31 trifft	18
21. Nov. 1916	Osnabrück, Celle	Remark erhält Einberufungsbefehl: Ausbildung in der Osnabrücker Caprivi-Kaserne und im Ausbildungslager Celle	18
12. Juni 1917	Westfront	Einsatz an der Westfront in Dixmuide als Schanzsoldat	19
1917	Osnabrück	Tod der Mutter	19

2.1 Biografie

JAHR	ORT	EREIGNIS	ALTER
31. Juli 1917	Westfront	Verwundung durch Granatsplitter; drei Wochen Versorgung im Feldlazarett Thourhout, danach Verlegung in das St. Vincenz-Hospital in Duisburg, aus dem er Ende Oktober 1918 entlassen wird.	19 / 20
15. Nov. 1918		Verleihung des Eisernen Kreuzes erster Klasse	20
1918	Osnabrück	Beginn der Arbeit an einem Kriegsroman	20
seit 1918		Veröffentlichung von Essays, Kurzgeschichten, Gedichten in der Dresdner Zeitschrift *Die Schönheit*	20
6. März 1918	Osnabrück	Tod seines Jugendfreundes Fritz Hörstemeier	20
1918	Osnabrück	Wiederaufnahme des Lehrerstudiums in Osnabrück	20
1. Aug. 1919	Lingen, Emsland	Erste Stelle in Lohne bei Lingen, danach kurzfristige Aushilfstätigkeiten an Volksschulen im Emsland	21
25. Sep. 1919	Osnabrück	Bestehen der Lehramtsprüfung für Volksschulen	21
1920		Veröffentlichung des Romans *Die Traumbude*	22
Mai 1920	Lingen	Stelle als Volksschullehrer in Klein-Berpen bei Lingen; nach 6 Monaten Aufgeben der Lehrertätigkeit	22
1920–1922	Osnabrück	Arbeit als Konzert- und Theaterkritiker bei der *Osnabrücker Tages-Zeitung*; Gedichtveröffentlichungen; Gelegenheitsjobs als Reisender, Buchhalter, Grabsteinverkäufer	22–24
ab 1921	Osnabrück	Verfasst Werbeartikel für Betriebszeitung der Continental-Gummiwerke in Hannover	23

2.1 Biografie

JAHR	ORT	EREIGNIS	ALTER
ab Mai 1921	Osnabrück	Unterzeichnet seine Artikel nunmehr mit Erich *Maria* Remar*que* (Maria: Vorname der Mutter; französische Endung „que" verweist auf französischen Ursprung seiner Familie)	23
April 1922	Hannover	Umzug nach Hannover; fester Mitarbeiter der Conti-Betriebszeitung *Echo-Continental* (bis 1928 Artikel über Sport, Freizeit, Mode, Autos)	24
1922–1924	Hannover	Veröffentlichung von Lyrik, Essays, Kurzgeschichten u. a. im *Hamburger Fremdenblatt*, *Berliner Tageblatt*, den Zeitschriften *Jugend*, *Der Junggeselle*, *Störtebeker*.	24–26
1924	Hannover	*Über das Mixen Kostbarer Schnäpse*	26
1923/24	Hannover	Schreibt den erst 1998 veröffentlichten Roman *Gam*	25–26
1925	Berlin	Zweiter Redakteur bei der renommierten Gesellschaftszeitschrift *Sport im Bild*	27
14. Okt. 1925		Erste Heirat mit Ilse Jutta Zambona	27
1927/28		Veröffentlichung des Romans *Station am Horizont* (als Fortsetzungsroman in *Sport im Bild*)	29–30
10. Nov. bis 9. Dez. 1928		Vorabdruck des Romans *Im Westen nichts Neues* in der *Vossischen Zeitung*	30
29. Jan. 1929		Buchausgabe des Romans im Propyläen-Verlag	31
Herbst 1929	Osnabrück	Arbeitet in Osnabrück an dem Roman *Der Weg zurück*	31
4. Jan. 1930		Scheidung von Ilse Jutta Zambona	32

2.1 Biografie

JAHR	ORT	EREIGNIS	ALTER
4. Dez. 1930	Berlin	Deutschlandpremiere des Films *Im Westen nichts Neues*	32
07. Dez. 1930/29. Jan. 1931		Vorabdruck des Romans *Der Weg zurück* in der *Vossischen Zeitung*	32–33
1930–1934	USA	Veröffentlichung englischsprachiger Kurzgeschichten in *Collier's Magazine* in Springfield/Ohio über Ersten Weltkrieg, 1993 erstmals auf deutsch erschienen.	32–36
30. April 1931		Buchausgabe des Romans *Der Weg zurück*	33
1931	Ascona	Kauf der Villa „Casa Monte Tabor" in Porto Ronco bei Ascona	33
29. Jan. 1933	Schweiz	Remarque verlässt Deutschland und begibt sich in die Schweiz	35
Januar 1933	Schweiz	Fertigstellung des Romans *Pat*, Vorstufe zu *Drei Kameraden*	35
10. Mai 1933	Berlin	Öffentliche Verbrennung der Bücher Remarques	35
Ab Mitte der 1930er-Jahre	Schweiz	Freundschaft mit Marlene Dietrich	37
1936	USA	In Amerika erscheint der Roman *Three Comrades*	38
1938	Niederlande	Deutsche Version der *Drei Kameraden* im Amsterdamer Verlagshaus Querido (deutscher Exilverlag)	40
22. Jan. 1938	Schweiz	Zweite Heirat mit Ilse Jutta Zambona – dadurch ermöglicht Remarque ihr die Einreise in die Schweiz und später in die USA	40

2.1 Biografie

JAHR	ORT	EREIGNIS	ALTER
4. Juli 1938	Schweiz	Entzug der deutschen Staatsbürgerschaft	40
Ab Sept. 1939	USA	Aufenthalt in den USA	41
1939		Der Roman *Liebe Deinen Nächsten* erscheint auf Englisch (Titel: *Flotsam*)	41
1941		Erscheinen der deutschen Ausgabe von *Liebe Deinen Nächsten*	43
16. Dez. 1943	Berlin	Hinrichtung seiner Schwester Elfriede Scholz in Berlin-Plötzensee wegen „Wehrkraftzersetzung"	45
1944		*Practical Educational Work in Germany after the war* (Praktische Erziehungsarbeit in Deutschland nach dem Krieg)	46
1945		Roman *Arc de Triomphe*	47
7. Aug. 1947	USA	Erwerb der US-Staatsbürgerschaft	49
1948–1966	USA	Wechselnder Wohnsitz in Porto Ronco und New York	50–68
1952		Roman *Der Funke Leben*	54
ab 1952	Deutschland	Häufige Deutschland-Reisen	54
1954		Roman *Zeit zu leben und Zeit zu sterben*	56
9. Juni 1954	Osnabrück	Tod des Vaters	56
1955		Uraufführung des Films *Der letzte Akt* (Thema: Hitlers letzte Tage), für den Remarque das Drehbuch schreibt	57
20. Sep. 1956	Berlin	Uraufführung des Theaterstücks *Die letzte Station* am Berliner Renaissance Theater	58

2.1 Biografie

JAHR	ORT	EREIGNIS	ALTER
1956		Roman *Der schwarze Obelisk. Geschichte einer verspäteten Jugend*	58
1957		Zweite Scheidung von Ilse Jutta Zambona	59
1958		Heirat mit Schauspielerin Paulette Goddard	60
1961		Roman *Der Himmel kennt keine Günstlinge*; Vorabdruck in der Illustrierten *Kristall* unter dem Titel *Geborgtes Leben*	63
1962		Vorabdruck des Romans *Die Nacht von Lissabon* in *Welt am Sonntag*	64
1963	Osnabrück	Verleihung der Möser-Medaille durch die Stadt Osnabrück	65
1967		Verleihung des Großen Verdienstkreuzes der Bundesrepublik Deutschland	69
1968	Darmstadt	Remarque wird korrespondierendes Mitglied der Deutschen Akademie für Sprache und Dichtung in Darmstadt.	70
25. Sep. 1970	Locarno	**Tod Remarques** in der Clinica Sant'Agnese in Locarno	72
1971		Nachlass-Roman *Schatten im Paradies*	
1989	Osnabrück	Eröffnung des Erich Maria Remarque-Archivs in der Universitäts-Bibliothek Osnabrück	
1991		Erstmalige Vergabe des Erich Maria Remarque-Friedenspreises der Stadt Osnabrück	

2.2 Zeitgeschichtlicher Hintergrund

> Unter Kaiser Wilhelm II. strebte das Kaiserreich durch Flottenausbau und Kolonialpolitik nach „Weltgeltung". Die Erschießung des österreichisch-ungarischen Thronfolgers Franz Ferdinand am 28.6.1914 löste Deutschlands Krieg gegen Frankreich aus. Nach einem zermürbenden Stellungskrieg mit zahlreichen Opfern auf beiden Seiten kam es 1918 zum Waffenstillstand und 1919 zur Unterzeichnung des Versailler Vertrags.
>
> 1919 trat Kaiser Wilhelm ab und die Republik wurde ausgerufen mit dem Sozialdemokraten Friedrich Ebert als erstem Reichspräsidenten. Infolge der Weltwirtschaftskrise stiegen die Arbeitslosenzahlen an und eine politische Zersplitterung und Radikalisierung führte dazu, dass am 30.1.1933 Reichspräsident Hindenburg Adolf Hitler zum Reichskanzler ernannte.
>
> Eine der ersten Aktionen der neuen rechtsradikalen Machthaber war die Verbrennung der „weltbürgerlich-jüdisch-bolschewistischen Zersetzungsliteratur" am 10. Mai 1933, darunter auch Werke Erich Maria Remarques, dem man „Verrat am Soldaten des Weltkriegs" vorwarf.

ZUSAMMEN-FASSUNG

Mit der Entlassung Bismarcks (1890), dessen außenpolitisches Ziel es war, mit Hilfe eines ausgeklügelten Bündnissystems mögliche Konflikte mit den Nachbarn aus dem Weg zu gehen, änderte sich die deutsche Außenpolitik. Wilhelm II. sowie die politisch und wirtschaftlich dominierenden Kreise des Großbürgertums, des Adels

Großbürgertum, Adel und Militär träumten nach 1890 von deutscher Größe und Weltmachtgeltung

2.2 Zeitgeschichtlicher Hintergrund

und des Militärs träumten von deutscher Größe und Weltmachtgeltung. Man fasste im Osmanischen Reich Fuß: Deutsche Offiziere waren beim Umbau der türkischen Armee beteiligt, die Bagdad-Bahn (1899–1903) von Istanbul über Bagdad nach Basra wurde von deutschen Banken finanziert. Zwangsläufig wurde auch der Balkan, für die Verbindung mit der Türkei geografisch wichtig, zu einem weiteren Interessengebiet Deutschlands und damit zu einer Region möglicher Interessenkonflikte mit Russland. Auf dem Balkan führten zunehmende panslawistische Strömungen zu einer antiösterreichischen und antideutschen Stimmung.

Durch deutschen Kriegsflottenbau Verschlechterung des deutschenglischen Verhältnisses

In der Überzeugung, dass Weltmachtgeltung nur mit einer starken Kriegsflotte zu erlangen sei, forcierte man den deutschen Flottenbau, wodurch sich das bisher insgesamt gute Verhältnis zu England verschlechterte, das seine dominierende Stellung als Seemacht bedroht sah. Um ein Gegengewicht gegen deutsches Expansionsstreben zu schaffen, suchte es seine Beziehungen zu Frankreich zu verbessern („Entente Cordiale" 1904). In den beiden Marokko-Krisen von 1905/1906 und 1911 arbeiteten England und Frankreich militärisch eng zusammen – es wurde deutlich, dass die Flottenfrage Deutschland und England zu potenziellen militärischen Gegnern gemacht hatte.

Deutschland in Außenseiterposition in Europa

Am Vorabend des Ersten Weltkrieges hatte sich Deutschland durch seine Russland verärgernde Türkeipolitik und sein kurzsichtiges Flottenbauprogramm in eine Außenseiterrolle in Europa manövriert, zumal zu Frankreich ein weiterhin sehr getrübtes Verhältnis bestand. Das hatte zur Folge, dass sich das Deutsche Reich immer stärker an den österreichisch-ungarischen Zweibundpartner anlehnte. Für die Doppelmonarchie war der südslawische Nationalismus, der ein Königreich mit Serben, Kroaten und Slowenen anstrebte, ein besonders gefährlicher Konfliktherd. Politisch wurde

Südslawischer Nationalismus für Doppelmonarchie gefährlich

2.2 Zeitgeschichtlicher Hintergrund

Serbien von Russland unterstützt, das an einer Schwächung Österreich-Ungarns interessiert war. Am 28. 6. 1914 wurden der österreichisch-ungarische Thronfolger, Erzherzog Franz Ferdinand, und seine Frau in Sarajewo von Mitgliedern einer großserbischen Geheimorganisation erschossen. Die dem Zweibundpartner von Wilhelm II. zugesagte uneingeschränkte Unterstützung in dessen Vorgehen gegen Serbien (sog. „Blankoscheck" vom 5./6. Juli) ermunterte Österreich-Ungarn zur Kriegserklärung an Serbien am 28. 7. Am 30. 7. befahl Russland die Gesamtmobilmachung, was Deutschland mit der Kriegserklärung vom 1. 8. beantwortete. In der Hoffnung, durch schnelles militärisches Handeln Frankreich besiegen und somit einen Zweifrontenkrieg vermeiden zu können, erklärte Deutschland am 3. 8. Frankreich den Krieg und marschierte am 4. 8. unter Verletzung des Völkerrechts in das neutrale Belgien ein. Daraufhin entschied sich England als Garantiemacht für die belgische Neutralität zum Kriegseintritt.

Erschießung des österreichisch-ungarischen Thronfolgers Franz Ferdinand 1914 als Auslöser für Krieg Deutschlands und Österreich/Ungarns gegen Frankreich, Großbritannien und Russland

Zunächst schien die deutsche Strategie, die französischen Kräfte weiträumig zu umfassen und einzukesseln, aufzugehen, aber mit der „Marneschlacht" (6.–10. September 1914) kam es zum Ende des Bewegungskrieges und in den folgenden Jahren zu dem von Remarque geschilderten menschenmordenden Stellungskrieg im Westen mit Drahtverhauen, Unterständen, Grabensystemen und brutalem Kampf Mann gegen Mann. Der Name Verdun steht stellvertretend für diesen Zermürbungskrieg: Allein hier fielen insgesamt 700.000 Deutsche und Franzosen.

Nach 1914 zermürbender Stellungskrieg im Westen mit 700.000 Opfern allein in Verdun

Bereits im August und September 1914 wurden bei Tannenberg und an den Masurischen Seen zwei russische Armeen durch die deutschen Truppen unter Hindenburg und Ludendorff geschlagen – der Frieden von Brest-Litowsk (3. März 1918) beendete die Kampfhandlungen an der Ostfront.

Ostfront-Kämpfe durch Frieden von Brest-Litowsk 1918 beendet

2.2 Zeitgeschichtlicher Hintergrund

Kriegseintritt Amerikas 1917; Waffenstillstand 1918; Unterzeichnung des Versailler Vertrags 1919

Nach dem Ausscheiden Russlands als Kriegsgegner startete die deutsche Heeresleitung im Frühjahr 1918 im Westen noch einmal eine groß angelegte Offensive, jedoch kam der Angriff im Juni nach schwersten Verlusten wiederum an der Marne zum Stehen. Als kriegsentscheidend erwies sich der Kriegseintritt Amerikas (6. April 1917). Hauptkriegsziel des amerikanischen Präsidenten Woodrow Wilson war die Abschaffung des autokratischen politischen Systems in Deutschland und Österreich-Ungarn. Bis zum Juli 1918 waren insgesamt 1,5 Millionen amerikanische Soldaten auf dem europäischen Kriegsschauplatz eingetroffen. Der so erreichten Überlegenheit der Alliierten an Kampftruppen und militärischem Gerät hatte man auf Seiten der Mittelmächte keine ebenbürtigen Kräfte mehr entgegenzusetzen. Am 8. August 1918, dem „Schwarzen Tag" des deutschen Heeres, begann vor Amiens der umfassende Angriff der alliierten Truppen gegen die deutschen Verteidigungsstellungen, was zu einer schrittweisen Zurücknahme der deutschen Front führte. Am 4. Oktober unterbreitete Deutschland ein Waffenstillstandsangebot, am 11. November 1918 wurde in einem Eisenbahnwaggon im Wald von Compiègne der Waffenstillstand unterzeichnet. Die Friedensverhandlungen der Siegermächte – die besiegten Mittelmächte nahmen daran nicht teil – führten am 28. Juni 1919 zur Unterzeichnung des Versailler Vertrages. Er sah unter anderem die Abtretung Elsass-Lothringens an Frankreich sowie Posens und Westpreußens an Polen vor, insgesamt 13 Prozent des Staatsgebietes mit 10 Prozent der Gesamtbevölkerung. Insbesondere der Artikel 231 des Vertrages, der Deutschland die alleinige Schuld am Ausbruch des Krieges gab und als Rechtfertigung für deutsche Reparationszahlungen galt, führte in Deutschland in den folgenden Jahren zu emotionsgeladenen Auseinandersetzungen.

2.2 Zeitgeschichtlicher Hintergrund

Die Niederlage zog entscheidende innenpolitische Veränderungen nach sich. Matrosen der Kieler Hochseeflotte verweigerten Ende Oktober das Auslaufen gegen die englische Flotte, worauf unzufriedene Soldaten und Arbeiter in vielen Orten Arbeiter- und Soldatenräte bildeten, deren Ziel die Abschaffung der Monarchie war. Im Gefolge dieser Novemberrevolution trat Kaiser Wilhelm am 9. November ab – am gleichen Tage rief der Sozialdemokrat Scheidemann die Republik aus. Nach Niederschlagung des Aufstandes der Spartakisten, die unter Führung Rosa Luxemburgs und Karl Liebknechts die Einführung des sog. Rätesystems forderten, fand am 19. 1. 1919 die Wahl zur Nationalversammlung statt, aus der SPD, Zentrum und Deutsche Demokratische Partei als Sieger hervorgingen. Am 6. Februar 1919 trat die Nationalversammlung in Weimar zusammen und wählte aus ihrer Mitte den Sozialdemokraten Friedrich Ebert zum ersten Reichspräsidenten der Weimarer Republik.

Um die Rezeption des Romans *Im Westen nichts Neues*, die von begeisterter Zustimmung bis zu totaler Ablehnung reichte, angemessen beurteilen zu können, ist es nötig, auf die gesellschaftlichen, wirtschaftlichen und politischen Bedingungen in den zwanziger Jahren des 20. Jahrhunderts einzugehen. Die nationalistische Rechte agitierte gegen den Versailler Vertrag, insbesondere gegen den Kriegsschuldartikel. Die von Hindenburg ins Leben gerufene „Dolchstoßlegende" besagte, dass die revolutionären Kräfte dem siegreichen deutschen Heer in den Rücken gefallen und für den „Schandvertrag" von Versailles verantwortlich seien. Die Nationalisten lehnten die auf Ausgleich mit den ehemaligen Kriegsgegnern zielende Politik der Weimarer Republik ab, verherrlichten den Krieg und erwiesen sich als die schärfsten Kritiker des Remarque'schen Erfolgsromans und der in ihm vertretenen pazifistischen Gedanken.

Seitenleiste:

Bei Novemberrevolution 1919: Abtreten Kaiser Wilhelms und Ausrufung der Republik

Sozialdemokrat Friedrich Ebert erster Reichspräsident der Weimarer Republik

Nationalistische Rechte agitiert gegen Versailler Vertrag (→ Dolchstoßlegende) und kritisiert Weimarer Republik

2.2 Zeitgeschichtlicher Hintergrund

Weltwirtschaftskrise mit Kurssturz an der New Yorker Börse → steigende Arbeitslosigkeit, politische Radikalisierung

30.1.1933: Reichspräsident Hindenburg ernennt, Adolf Hitler zum Reichskanzler → Bücherverbrennung am 10.5.1933

Mit der Einführung der „Rentenmark" im November 1923, die die unvorstellbare Geldentwertung während der vorangehenden Jahre beendete, sowie der wirtschaftlichen Erholung setzte trotz der häufig wechselnden Kabinette eine langsame Konsolidierung der Republik ein. Die 1929 beginnende Weltwirtschaftskrise („Schwarzer Donnerstag", 24. 10. 1929 Kurssturz an der New Yorker Börse) führte besonders in Deutschland zu einer katastrophalen wirtschaftlichen Entwicklung mit einem schnellen Anstieg der Arbeitslosigkeit. Damit einher ging eine starke politische Polarisierung und Radikalisierung und eine nachlassende Akzeptanz der parlamentarischen Ordnung in der Bevölkerung. Die bürgerlich-demokratischen Parteien waren derartig zersplittert und untereinander zerstritten, dass es ihnen nicht mehr gelang, eine stabile Regierung zu bilden. Große Teile der Bevölkerung wandten sich von der parlamentarischen Staatsform ab und bevorzugten eine autoritäre Lösung der anstehenden Probleme. Am 30. Januar 1933 ernannte Reichspräsident Hindenburg Hitler zum Reichskanzler. Eine der ersten Aktionen der neuen Machthaber war die Verbrennung der „weltbürgerlich-jüdisch-bolschewistischen Zersetzungsliteratur" am 10. Mai 1933 – auch die Werke Remarques, dem kurz vor Hitlers Machtergreifung die Flucht aus Deutschland gelungen war, wurden verbrannt.

2.3 Angaben und Erläuterungen zu wesentlichen Werken

2.3 Angaben und Erläuterungen zu wesentlichen Werken

Remarques Romane, in etwa 60 Sprachen übersetzt, machen ihn zu einem bemerkenswerten Chronisten der deutschen und europäischen Geschichte des 20. Jahrhunderts. Sein Erstlingswerk *Die Traumbude* (1920) enthält keinerlei Zeitbezüge. Den Titel hat Remarque in Erinnerung an seine Jugendjahre gewählt: In der sog. „Traumbude" traf er sich mit seinem Freund Fritz Hörstemeier, einem Osnabrücker Maler und Schriftsteller, und einigen Gleichgesinnten. Dieser literarisch unbedeutende Roman ist insofern interessant, als dass das Gefühl der Geborgenheit, das aus dem Zusammensein mit Kameraden erwächst, auch in dem Roman *Im Westen nichts Neues* für den Protagonisten Paul Bäumer eine wichtige Rolle spielt.

Erstlingswerk *Die Traumbude* (1920) noch ohne historische Bezüge

2.3 Angaben und Erläuterungen zu wesentlichen Werken

Roman *Der Weg zurück* (1931) über Rückmarsch der geschlagenen deutschen Armee mit autobiografischen Bezügen

Protagonisten erleben Novemberrevolution, Massenarbeitslosigkeit und mangelnde Akzeptanz der Weimarer Republik

1931 erschien der Roman **Der Weg zurück**, der inhaltlich und gedanklich an *Im Westen nichts Neues* anknüpft. Der Titel ist eine knappe Zusammenfassung des Inhalts: Er erinnert an den Rückmarsch der geschlagenen deutschen Armee in die Heimat und beschreibt gleichzeitig den Versuch der Soldaten, in einer veränderten Welt wieder Fuß zu fassen, den „Weg zurück" in ein bürgerliches Leben zu finden. Das erste Kapitel schließt direkt an das Geschehen des vorhergehenden Romans an: Die grausamen Kämpfe in den Schützengräben, das sinnlose Sterben während der letzten Kriegsmonate, die Friedenssehnsucht der Soldaten, all das führt uns der Ich-Erzähler Ernst Birkholz, dessen Biografie und Überzeugungen mit denen Paul Bäumers identisch sind, nochmals vor Augen. Der Roman spielt in Osnabrück und seiner näheren Umgebung. Er ent-

2.3 Angaben und Erläuterungen zu wesentlichen Werken

hält zahlreiche autobiografische Bezüge: Wie Remarque, so besucht der Protagonist Ernst Birkholz nach der Rückkehr aus dem Krieg das Lehrerseminar, wehrt sich gegen die den Studenten vermittelten, dem alten wilhelminischen Denken verhafteten Unterrichtsinhalte.

Ernst Birkholz und seine Kameraden Willy Homeyer, Adolf Bethke, Ludwig Breyer, Georg Rahe und Albert Troßke werden direkte Zeugen des Umbruchs im Gefolge der Novemberrevolution, müssen erleben, dass für sie in der sich neu formierenden Gesellschaft kein Platz mehr ist. Sie fragen nach den Ursachen des Krieges, wie „so etwas passieren konnte"[1] – sie erkennen, dass eine Aufarbeitung der jüngsten Vergangenheit niemanden wirklich interessiert. Daran ändern auch die Demonstrationszüge der verkrüppelten Kriegsheimkehrer nichts: „Wo bleibt der Dank des Vaterlandes? Die Kriegskrüppel hungern"[2]. Die Novemberrevolution hat die alten Strukturen nicht wirklich aufgebrochen, die vor dem Kriege dominierende Führungsschicht hält weiterhin die Fäden in der Hand. Diesem „selbstgefällige[n] Geist von früher, der sich hier immer noch bläht und wichtig tut"[3], stellt Remarque das Elend der großen Masse gegenüber, auf der Suche nach Arbeit, nur mit dem Allernötigsten versorgt. Der Autor weist auf die mangelnde Akzeptanz der Weimarer Republik innerhalb der konservativen Kreise hin: „Stellen Sie sich vor, ereifert sich [der Regierungsrat], ein Sattler! Ein Sattler als Reichspräsident! ... Zum Piepen!"[4]

Die alten Kameraden müssen erkennen, dass das, was ihnen im Krieg trotz der Not und des Leidens Halt gab, nämlich das Gefühl, eine verschworene Gemeinschaft zu bilden, aufeinander zählen zu können, dass dieser Kameradschaftsgeist auch unter ehemaligen

---
1 Remarque, *Der Weg zurück*, S. 102
2 Ebd., S. 243
3 Ebd., S. 108
4 Ebd., S. 105

2.3 Angaben und Erläuterungen zu wesentlichen Werken

Kriegskameraden verloren gegangen ist: Ihr Kompanieführer Heel, nunmehr Anführer eines Freikorps, erschießt während einer Demonstration ihren Freund, den Soldaten Max Weil:

„‚Er ist tot', antwortet Ludwig.
Heel zuckt die Achseln.
‚Es war unser Kamerad,' fährt Ludwig fort.
Heel antwortet nicht.
Ludwig sieht ihn kalt an. ‚Ein sauberes Handwerk.'
Da rührt Heel sich. ‚Darauf kommt es nicht an', sagt er ruhig, ‚nur auf das Ziel, Ruhe und Ordnung.'"[5]
„– aus ist alles, die Kameradschaft durchlöchert mit Maschinengewehren, Soldaten schießen auf Soldaten, Kameraden auf Kameraden, zu Ende, zu Ende – "[6].

Protagonisten scheitern nach 1918 beim privaten und politischen Neuanfang

Diese veränderte Situation lässt viele von ihnen scheitern: Adolf Bethke erfährt bei seiner Rückkehr, dass seine Frau ihn betrogen hat. Sie versuchen einen Neuanfang, sind jedoch innerlich nicht stark genug, das Gerede der Dorfbewohner zu ertragen. Der Umzug in die Anonymität der Stadt bringt keine Lösung: Adolf ist nicht in der Lage, seiner Frau wirklich zu verzeihen, flüchtet sich in den Alkohol, unfähig, wieder Fuß zu fassen.

Ludwig Breyer, der Nachdenklichste der Freunde, hofft auf einen politischen Neubeginn, ist gewillt, sich trotz aller Enttäuschung für die Ideale des demokratischen Staatswesens einzusetzen. „Aber vielleicht ist es noch nicht zu spät, um durch Arbeit zu erreichen, was im Angriff versäumt worden ist."[7] Ein persönlicher Schicksals-

---

5 Ebd., S. 250
6 Ebd., S. 252
7 Ebd., S. 195

2.3 Angaben und Erläuterungen zu wesentlichen Werken

schlag – er ist an Syphilis erkrankt – lässt ihn verzweifeln, so dass er seinem Leben ein Ende setzt.

Georg Rahe, auch er zu Beginn begeistert von der revolutionären Strömung, ist von der politischen Entwicklung enttäuscht, sieht für sich keine Zukunft mehr. Auf der Suche nach dem alten Kameradschaftsgeist schließt er sich einem Freikorps an, muss dann erkennen, dass er auch dort, wie schon im Krieg, für die politischen Ziele führender Leute missbraucht wird: „überall Schieberei, Misstrauen, Gleichgültigkeit und grenzenloser Egoismus"[8]. Enttäuscht kehrt er auf die Schlachtfelder des Ersten Weltkrieges zurück und erschießt sich dort – im Tode vereint mit den alten Kameraden, von denen er sich auch nach der Rückkehr in die Heimat in Gedanken nie getrennt hatte.

Albert Troßke tötet aus Eifersucht den Liebhaber seiner Freundin Lucie. In dem Prozess, der mit einer dreijährigen Gefängnisstrafe für ihn endet, beschuldigen Willy Homeyer und Ernst Birkholz die führenden gesellschaftlichen Kräfte, den heimkehrenden Soldaten, die ihre besten Jahre für das Vaterland geopfert hatten, keine Perspektive für die Zukunft eröffnet zu haben, auch nicht den Mut gehabt zu haben, sich zu den Fehlern der Vergangenheit zu bekennen: „Ihr hättet uns lehren müssen, wieder an Güte, Ordnung, Aufbau und Liebe zu glauben"[9]. Während viele ehemalige Soldaten nicht „den Weg zurück" finden, wird am Ende des Romans erkennbar, dass die beiden Hauptpersonen Willy Homeyer und der Erzähler Ernst Birkholz ihr Leben meistern werden, im Rahmen von Aufgaben, die über ihre eigene Gegenwart hinausreichen. Willy Homeyer, wie Birkholz Lehrer, spricht von seiner beruflichen Tätigkeit: „Ich will meinen Jungen ... beibringen, was wirklich Vaterland ist. Ihre

---

8   Ebd., S. 284
9   Ebd., S. 297

2.3 Angaben und Erläuterungen zu wesentlichen Werken

Heimat nämlich, und nicht eine politische Partei ..."[10]. Diese Passage ist die Antwort auf Paul Bäumers Überlegungen angesichts der russischen Kriegsgefangenen in *Im Westen nichts Neues* (S. 134), denn richtig verstandene Vaterlandsliebe bedeutet Ablehnung jeder Form von Chauvinismus, bedeutet Verständnis für die Angehörigen anderer Völker, für ihre unterschiedlichen Lebensformen. – Genau diese Überzeugung vertrat der auf den Ausgleich mit Deutschland hinarbeitende französische Staatspräsident de Gaulle, wenn er vom „Europa der Vaterländer" sprach. –

Erstes Exilwerk
Drei Kameraden
erschien 1936
(neben *Im Westen nichts Neues* und *Der Weg zurück*)
als letzter Band
von Remarques
Anti-Kriegs-Trilogie

Drei Kameraden ist Remarques erstes im Exil entstandenes Werk. Der Roman, von dem eine Erstfassung mit dem Titel *Pat* bereits 1933 vorlag, erschien 1936. Remarque weist in dem Vorwort zur Erstversion auf die innere Verbindung zwischen *Im Westen nichts Neues*, *Der Weg zurück* und *Drei Kameraden* hin:

„Das vorliegende Buch ist das dritte und letzte einer Reihe, zu der *Im Westen nichts Neues* und *Der Weg zurück* gehören. Es hat im Grunde das gleiche Thema: die Frage, die in den ersten beiden Büchern für Hunderttausende gestellt wurde, kehrt hier wieder für einen einzigen Menschen. Es ist die Frage des Lebens und des Todes; die Frage: Warum?"[11]

Die Sozialisationserfahrungen der drei Protagonisten Paul Bäumer (*Im Westen nichts Neues*), Ernst Birkholz (*Der Weg zurück*) und Robert Lohkamp (*Drei Kameraden*) sind bis zu einem gewissen Grade identisch und decken sich z. T. auch mit der Biografie des Autors: 1898 geboren, durchlaufen sie das Gymnasium und verschaffen sich somit die Voraussetzungen für eine gutbürgerliche Existenz.

---

10 Ebd., S. 308
11 Zitiert nach v. Sternburg, S. 263/264

2.3 Angaben und Erläuterungen zu wesentlichen Werken

Wir erleben sie in drei wichtigen Phasen der deutschen Geschichte: während des Ersten Weltkrieges (Bäumer), der Novemberrevolution von 1918 (Birkholz) und den Jahren 1926–1930 (Lohkamp). Im Roman *Drei Kameraden* betreiben der Ich-Erzähler Robert Lohkamp und seine Freunde Otto Köster und Gottfried Lenz in Berlin eine Autoreparaturwerkstatt. Sie sind die typischen Vertreter der sog. „Verlorenen Generation", ohne Illusionen, aber mit dem festen Willen, sich nicht unterkriegen zu lassen:

Protagonisten sind typische Vertreter der illusionslosen „Verlorenen Generation"

„Wir hatten marschieren wollen gegen die Lüge, die Ichsucht, die Gier, die Trägheit des Herzens, die all das verschuldet hatten, was hinter uns lag; – wir waren hart gewesen ohne anderes Vertrauen, als zu dem Kameraden neben uns ... – aber was war daraus geworden? Alles war zusammengebrochen, verfälscht und vergessen ... Die Zeit der großen Menschen- und Männerträume war vorbei. Die Betriebsamen triumphierten. Die Korruption. Das Elend."[12]

Die Gemeinschaft befähigt sie, den Alltag zu bewältigen; zusammen sind die drei Freunde in der Lage, in Notsituationen zu bestehen. Es ist eine Freundschaft, die den Tod überdauert: Gottfried Lenz, von einem SA-Schlägertrupp ermordet, wird von Robert und Otto in Kösters Wohnung aufgebahrt und von ihnen eingesargt – keine fremde Hand soll ihn im Tode berühren und damit das zwischen ihnen bestehende Band zerstören.

Der Betrieb der Autoreparaturwerkstatt ernährt sie mehr schlecht als recht; trotz der ständigen finanziellen Nöte haben sie ihren Humor nicht verloren, werden nicht bitter angesichts der verzweifelten persönlichen Lage, zeigen Mitgefühl mit den Schwachen

---

12 Remarque, *Drei Kameraden*, S. 59

der Gesellschaft, sind hilfsbereit bis zur Selbstlosigkeit. So verkauft z. B. Otto Köster, um Robert Lohkamp zu helfen, der wegen der schweren Erkrankung seiner Freundin Patrice Hollmann in finanzielle Not geraten ist, seinen geliebten „Karl", ein besonders leistungsfähiges Auto, Mittelpunkt seines Lebens.

Roman besteht aus zahlreichen Einzelepisoden

Der Roman besteht über weite Strecken aus zahlreichen Einzelepisoden: dem Rennen zwischen „Karl", Kösters Auto, und einem sehr viel stärker motorisierten Wagen, das „Karl" natürlich gewinnt, der Schlägerei zwischen Robert und anderen Taxichauffeuren um einen Taxistand. Wir machen die Bekanntschaft einiger Dirnen, erfahren von ihren Sorgen und Nöten, erleben einen Tanzabend in einem verrufenen Café.

Mittelpunkt des Werkes ist die Liebe zwischen Robert Lohkamp und Patrice Hollmann, einer jungen Frau von erfrischender Natürlichkeit. Obwohl schwer an Tuberkulose erkrankt, strahlt sie Optimismus und Lebensfreude aus. Für Lohkamp ist sie wie ein „Schmetterling, verflogen durch einen glücklichen Zufall in mein belangloses, sinnloses Leben"[13]. Aber die Beziehung zwischen den beiden endet tragisch. Pat erliegt ihrer schweren Krankheit in einem Sanatorium in Davos, lässt ihren Geliebten in seiner Einsamkeit zurück – ihr Tod ist die ernüchternde, pessimistische Antwort auf die Frage, die sich Lohkamp zu Beginn des Romans gestellt hatte: „Ach, dieses armselige Bedürfnis nach ein bißchen Wärme, – konnten es denn nicht zwei Hände sein und ein geneigtes Gesicht? Oder war das auch nur Täuschung und Verzicht und Flucht? Gab es denn etwas anderes als Alleinsein?"[14]

---

13 Ebd., S. 128
14 Ebd., S. 59

2.3 Angaben und Erläuterungen zu wesentlichen Werken

Während die beiden vorhergehenden Romane Möglichkeiten der Zukunftsbewältigung aufzeigen, lässt *Drei Kameraden* keinen Raum für einen optimistischen Ausblick: Gottfried Lenz und Patrice Hollmann sterben, Otto Köster verschwindet nach einer letzten Freundschaftsgeste aus Lohkamps Leben, der am Schluss des Romans mit der toten Patrice allein zurückbleibt: „Ich könnte nichts tun, als leer dasitzen und sie ansehen. Dann kam der Morgen, und sie war es nicht mehr."[15]

Anders als die beiden Vorgängerromane schließt Drei Kameraden pessimistisch

Remarque konfrontiert uns mit Menschen, die die Last des verlorenen Krieges zu tragen haben. Durch die Inflation ihrer Ersparnisse beraubt, leben sie jetzt in der ständigen Sorge um ihren bedrohten Arbeitsplatz. Von der Politik enttäuscht, wenden sich die demoralisierten Massen den rechtsradikalen Parteien zu, beginnen, den vagen Versprechungen ihrer Redner Glauben zu schenken: „Die Gesichter [der Zuhörer] hatten alle den gleichen, abwesenden Ausdruck, einen schläfrig-süchtigen Blick in die Ferne einer nebeligen Fata Morgana ..."[16].

---

15 Ebd., S. 448
16 Ebd., S. 372

3. TEXTANALYSE UND -INTERPRETATION

3.1 Entstehung und Quellen

ZUSAMMENFASSUNG

> Dank einer geschickten Medienkampagne des Ullstein-Konzerns wurde Remarques Roman zu einem Bestseller. Der Verlag stilisierte Remarque als einen vom Krieg zermürbten ehemaligen Frontsoldaten, der wie unter Zwang das Erlebte niedergeschrieben hat, ein etwas verfälschtes Bild, das Remarque in Interviews jedoch gern bestätigte. Tatsächlich finden sich einige autobiografische Bezüge wieder, persönliches Erleben ist jedoch sicherlich nicht alleinige Grundlage für den Roman gewesen. Remarque wurde ebenso beeinflusst von kursierenden Fronterzählungen und von Kriegsbüchern bekannter Autoren wie Ernst Jünger, die er rezensiert hatte.

Im Westen nichts Neues wurde (auch aufgrund der geschickten Medienkampagne von Ullstein) ein großer Verkaufserfolg

Kein je in Deutschland veröffentlichtes literarisches Werk hat einen ähnlichen Erfolg wie Remarques *Im Westen nichts Neues* gehabt. Nach dem Vorabdruck in der *Vossischen Zeitung* waren bereits vor der Buchveröffentlichung am 29. Januar 1929 30.000 Exemplare vorbestellt worden. Innerhalb der ersten fünf Wochen verkaufte der Propyläen-Verlag 200.000 Exemplare, im Juni 1930 wurde die Millionengrenze überschritten, ein Erfolg, der auch durch eine überaus geschickte Medienkampagne des Ullstein-Konzerns, zu dem die *Vossische Zeitung* und der Propyläen-Verlag gehörten, ermöglicht wurde. Die in ihrem Umfang völlig unübliche Vorankündigung des Fortsetzungsromans[17] ist als Versuch zu werten, auch Leser aus den

---

[17] Siehe J. E., *Nichts Neues im Westen*, in: Vossische Zeitung, 8. November 1928.

3.1 Entstehung und Quellen

bürgerlich-konservativen Kreisen als Käufer der geplanten Buchausgabe zu gewinnen: Der Autor wird vorgestellt als einer von Millionen Frontsoldaten, der, müde und zermürbt, aus dem Krieg zurückgekehrt war, aber im Gegensatz zu diesen Millionen willens und fähig, sich zum Erlebten zu äußern.

Der Verfasser des Romans, Erich Maria Remarque, kein Schriftsteller von Beruf, habe vor einigen Monaten, wie unter einem inneren Zwang, begonnen, das von ihm persönlich im Krieg Erlebte niederzuschreiben:

> „Es ist kein Kriegsroman, auch kein Tagebuch. Es ist erlebtes Leben und doch abgerückt durch eine Gestaltungskraft, die das persönliche Erleben ohne Kunstgriff, ohne Verzerrung und Verzeichnung in eine Sphäre der Allgemeingültigkeit hebt. So ist das erste wirkliche Denkmal des ‚Unbekannten Soldaten' entstanden."[18]

Er sei „einer aus der grauen Masse", der als Kriegsfreiwilliger begeistert den ermahnenden Reden seiner Lehrer gefolgt sei, bis zum letzten Tage des Krieges getreu seine Pflicht als Soldat getan habe. Nach der Rückkehr in die Heimat gehe er als ordentlicher, schweigsamer Mensch zuverlässig seiner bürgerlichen Arbeit nach.

Dieser einführende Artikel ist für unsere Untersuchung in zweifacher Hinsicht von Interesse: Es wird auf die Identität von Autor und Erzähler hingewiesen und auf die „Allgemeingültigkeit" des Geschilderten. Der Erzähler spricht stellvertretend für Millionen, das Dargestellte ist nicht von ihm erfunden worden, es beschränkt sich auch nicht auf ein rein subjektives Erleben – ein wahres Bild des Krieges sei entstanden, das sich, worauf der Verlag hinweist,

Einführender Artikel in Vossischer Zeitung *verweist auf „Allgemeingültigkeit" des Geschilderten*

---

18 Ebd.

3.1 Entstehung und Quellen

vom „leeren Gerede von Heldentum und Dank des Vaterlandes" abhebt.

Der Autor und das intendierte Leserpublikum sind im Hinblick auf ihre Erfahrungen identisch: Die Leserschaft kennt aus eigenem Erleben die direkten Kriegseinwirkungen oder aber die Not in der Heimat – beide Aspekte werden in dem Roman thematisiert.

Verlag verfälschte Remarques Vita (er war weder ein unerfahrener Schriftsteller noch ein kriegsfreiwilliger Frontkämpfer)

Die Vita des Autors wird mit dem Ziel der Angleichung an die Erfahrungen des angesprochenen Leserkreises verfälscht: Remarque war bereits vor 1929 schriftstellerisch tätig gewesen, wenn auch ohne großen Erfolg – ein Anfänger, wie es der Hinweis „kein Schriftsteller von Beruf" suggeriert, der durch das Schreiben innerlich das Erlebte überwinden wollte, war er sicherlich nicht. Im Gegenteil: 1995 erwarb die Stadt Osnabrück das wieder aufgetauchte handgeschriebene Manuskript des Werkes, welches zeigt, dass der Roman von Remarque mehrfach überarbeitet und dass insbesondere die Abfolge der Kapitel sehr bewusst gestaltet wurde. Die Vorankündigung spricht von dem Autor als „eine[m] aus der grauen Masse, eine[m] von den Hunderttausenden, die als halbe Kinder dem Ruf zu den Fahnen freiwillig folgten"[19] – eine inhaltlich nicht zutreffende Aussage (vgl. Biografie). Er war kein Kriegsfreiwilliger, und am tatsächlichen Kriegsgeschehen war er lediglich sieben Wochen beteiligt, und das nicht an vorderster Front: Die im Roman dargestellten Grabenkämpfe, das tagelange Trommelfeuer hat er nicht selbst erlebt, wenn auch ein Schanzsoldat ständiger feindlicher Bedrohung ausgesetzt war.

Aus einigen im Jahre 1929 gegebenen Interviews geht hervor, dass Remarque diese offensichtliche Legendenbildung des Verlages nach Kräften unterstützt, stellenweise sogar bewusst die Unwahrheit gesagt hat in dem Bemühen, sich als besonders tapferen

---

19 Ebd.

3.1 Entstehung und Quellen

Soldaten zu stilisieren. In dem Interview mit Wilhelm Scherp vom 26. 11. 1929 behauptet er, er habe sich im September 1918 „aufs neue als Freiwilliger"[20] an die Front gemeldet, zu einem Zeitpunkt, als er noch im Lazarett in Duisburg als Schreiber tätig war – Hinweise auf eine Freiwilligenmeldung Remarques liegen nicht vor.

Wie der Verlag, so weist auch Remarque in dem Gespräch mit Scherp darauf hin, Grundlage des dargestellten Geschehens sei eigenes Erleben, wenn auch mit einer kleinen Einschränkung: „Sind die Grundlagen ihres Buches also wirkliche Erlebnisse? – Ja. Ich war an der Front – lange genug, um selbst fast alles erlebt zu haben, was ich geschildert habe."[21]

In einem Interview mit Axel Eggebrecht vom 14. 6. 1929 äußert er sich sehr vage zu seiner Zeit als Soldat: „Ich bin mit 18 Jahren ins Feld gegangen, war nur als einfacher Soldat an der Westfront, wurde dort mehrfach verwundet, einmal so, daß ich heute noch an den Folgen leide."[22]

In einem Brief an Sir Ian Hamilton akzentuiert Remarque den Aspekt des eigenen Erlebens weit weniger, spricht vielmehr davon, dass er „typische Standardsituationen, die dauernd vorkamen", beschrieben habe.[23]

Robert van Geldern gegenüber gibt Remarque die Fiktion der Darstellung des eigenen Erlebens endgültig auf: „It was really simply a collection of the best stories that I told and that my friends told as we sat over drinks and relived the war."[24]

> Remarque unterstützt in Interviews die „Legendenbildung" als tapferer Soldat, der über eigene Frontererlebnisse berichtet

> Tatsächlich handelt es sich um eine „collection of the best stories that I (...) and my friends told"

---

20 Scherp, *Der Gefangene seines Ruhmes. Remarque spricht über sich selbst*, in: Kölnische Zeitung Nr. 648, 26. November 1929
21 Ebd.
22 Eggebrecht, *Gespräch mit Remarque*, in: Die literarische Welt, 14. Juni 1929
23 Remarque, *Ein militanter Pazifist*, S. 58
24 Geldern, *Erich Maria Remarque Lays Down Some Rules for the Novelist*, in: The New York Times Book Review, 27. Januar 1946

3.1 Entstehung und Quellen

Motiv für die Abfassung des Romans ist nach Aussage des Verlages die Tatsache, dass Remarque den Drang und Zwang empfunden habe, über das Erlebte zu schreiben und es dadurch innerlich zu überwinden. Damit wird noch einmal der persönliche Charakter des Werkes betont, geschrieben ohne jede politische Zielrichtung. Auch das Interview mit Eggebrecht weist auf diesen rein therapeutischen Zweck des Schreibens hin:

> „Ich war damals, im Frühjahr vorigen Jahres [1928], mit ganz anderen Arbeiten beschäftigt ... Ich litt unter heftigen Anfällen von Verzweiflung. Bei dem Versuche, sie zu überwinden, suchte ich allmählich ganz bewusst und systematisch nach der Ursache meiner Depressionen. Durch diese absichtliche Analyse kam ich auf mein Kriegserleben zurück ... Am selben Tage, an dem ich diesen Gedanken hatte, begann ich zu schreiben, ohne lange Überlegung. Das ging sechs Wochen lang, jeden Abend, wenn ich aus dem Büro kam. Dann war das Buch fertig ... Das Manuskript lag fast ein halbes Jahr in meinem Schreibtisch, ohne daß ich den Versuch machte, es irgendwo anzubieten."[25]

Um den Eindruck aufrechtzuerhalten, er habe den Roman unter einem inneren Zwang geschrieben, ohne eigentlich wirklich an einer Veröffentlichung interessiert gewesen zu sein, verfälscht Remarque auch in diesem Punkt die Wahrheit ganz erheblich. Abweichend von den gegenüber Eggebrecht gemachten Äußerungen hatte er das Manuskript bereits im Frühjahr 1928 fertig gestellt und bot es wenig später dem S. Fischer Verlag zur Veröffentlichung an. Samuel Fischer lehnte eine Aufnahme in sein Verlagsprogramm ab, da er für den Roman keine Marktchancen sah. Um Pfingsten 1928

---

25 Eggebrecht, *Gespräch mit Remarque*, in: Die literarische Welt, 14. Juni 1929

3.1 Entstehung und Quellen

offerierte Remarque über seinen Freund Fritz Meyer, einem Verwandten der Ullsteins, das Manuskript dem Ullstein-Konzern von Hans Ullstein, zu dem der Propyläen-Verlag gehörte, mit Erfolg, denn am 29. August 1928 wurde der Verlagsvertrag unterzeichnet. Wenn auch das 1929 von Remarque behauptete persönliche Erleben nicht alleinige Grundlage der Romanhandlung ist, so deckt sich doch das Geschehen teilweise mit der Biografie des Autors. Die Jugenderinnerungen Paul Bäumers beziehen sich auf Erlebnisse des Autors in seiner Heimatstadt Osnabrück, ebenso nimmt Bäumer in seinem Gespräch mit dem sterbenden Kemmerich Bezug auf diese Stadt, wenn er vom „Klosterberg" oder der „Pappelallee am Klosterbach" spricht (S. 33); desgleichen ist die Naturverbundenheit des Protagonisten für Remarque charakteristisch. Sein enges Verhältnis zu seiner schwer kranken Mutter findet seine literarische Ausgestaltung in dem liebevollen Umgang zwischen der Mutter und ihrem Sohn Paul. Persönliches Erleben ist ebenfalls in die Erinnerung Bäumers an seine Rekrutenzeit eingeflossen – einer der Ausbilder Remarques im Ausbildungslager Celle war der Unteroffizier Himmelreich, dessen Methoden bei der Führung seiner Einheit wohl mit denen des Schinders Himmelstoß vergleichbar waren – beide im Berufsleben Briefträger, beide in ihrem Verhalten durch die Möglichkeit der Machtausübung im Rahmen der militärischen Hierarchie pervertiert.

Durch seinen Lazarettaufenthalt in Duisburg wusste Remarque um die Qualen der verwundeten Soldaten, wie sie im 10. Kapitel des Romans geschildert werden: „Wir haben hier vor kurzem einen Lazarettzug von Cambrai bekommen ... Schreckliche Verwundungen waren dabei, Wunden wie Kindsköpfe so groß, Knochenschüsse und Ähnliches."[26]

Autobiografische Bezüge u. a.:
→ Naturverbundenheit des Protagonisten
→ schwerkranke Mutter
→ sadistischer Unteroffizier Himmelreich
→ Lazarettaufenthalt

---

26 Remarque, *Das unbekannte Werk*, S. 24

3.1 Entstehung und Quellen

Remarque kannte die Kriegsliteratur im Gefolge des Ersten Weltkrieges; im Gespräch mit Eggebrecht erwähnt er Ludwig Renn, Ernst Jünger, Lernhard Frank, Latzko, Fritz von Unruh, Henri Barbusse, ohne jedoch genauer auf den Gehalt ihrer Werke einzugehen, so dass nicht wirklich erkennbar ist, ob und inwieweit sie ihn tatsächlich beeinflusst haben. Auch seine in der Zeitschrift *Sport und Bild* im Heft 12/1928 veröffentlichte Rezension von Kriegsbüchern – Ernst Jüngers *In Stahlgewittern*, Schauweckers *So war der Krieg*, von der Vrings *Soldat Suhren* – ist insgesamt zu wenig aussagekräftig, als dass man Rückschlüsse auf direkte Einflüsse ziehen könnte. Über Jünger schreibt er: „Den Ablauf der Geschehnisse zeichnen die *Stahlgewitter* mit der ganzen Macht der Frontjahre am stärksten, ohne jedes Pathos geben sie das verbissene Heldentum des Soldaten wieder."[27]

Unpathetische Kriegsdarstellung

Die unpathetische Darstellung des Kriegsgeschehens ist auch für Remarque charakteristisch, jedoch ist ihm der Jüngersche Ansatz, die Schlachten und Kämpfe seien der Ursprung eines neuen Menschentyps, völlig fremd.

---

27 Zitiert nach v. Sternburg, S. 169

3.2 Inhaltsangabe

> **ZUSAMMEN-FASSUNG**
>
> Der Roman thematisiert die Kriegserlebnisse des 18-jährigen Paul Bäumer während des Ersten Weltkriegs. Der Ich-Erzähler befindet sich mit seiner Kompanie 9 km hinter der Westfront. Er erinnert sich zurück an seine Schulzeit und die patriotischen Reden seines Lehrers Kantorek, der die ganze Abiturientenklasse zum freiwilligen Kriegsdienst überredete. In der Grundausbildung lernten sie unter dem sadistischen Ausbilder Himmelstoß, dass in der Schule vermitteltes Wissen und menschliche Werte hier nutzlos sind. Im Krieg bringt ihnen der erfahrene Frontsoldat Stanislaus Katczinsky das Überleben auf dem Schlachtfeld bei. Während seines Heimaturlaubs bemerkt Bäumer, dass ihn das Soldatenleben für das zivile Leben unbrauchbar gemacht hat. Verbittert kehrt er zu seinen Kriegskameraden zurück. Bei einem Angriff wird er verwundet und verbringt einige Wochen im Lazarett, bevor er zurück an die Front kommt. In den nächsten Monaten wird Bäumers Gruppe weiter dezimiert durch Gas- und Granatenangriffe, im Trommelfeuer oder im Kampf Mann gegen Mann. Schließlich wird auch Bäumer als letzter aus seiner Klasse kurz vor Kriegsende tödlich getroffen.

Kapitel 1

Das erste Kapitel spielt in der Etappe, „neun Kilometer hinter der Front." (S. 7) Nach 14-tägigem schweren Kampfeinsatz kehrt die Kompanie des Erzählers Paul Bäumer in ihre Ruhestellung zurück. Im Mittelpunkt des Geschehens steht eine kleine Gruppe von insgesamt acht Soldaten: die vier Gymnasiasten Albert Kropp, Müller V,

Der 18-jährige Ich-Erzähler Paul Bäumer über seinen Kriegseinsatz neun Kilometer hinter der Front

3.2 Inhaltsangabe

Leer und der Erzähler Paul Bäumer, außerdem Tjaden, ein Schlosser, Haie Westhus, ein Torfstecher, Detering, ein Bauer, und Stanislaus Katczinsky, „das Haupt unserer Gruppe" (S. 9). Nach dem Mittagessen zieht sich ein Teil der Gruppe auf das „stille Örtchen" zurück, das von den Soldaten als wahre Idylle empfunden wird. Der Handlungsrahmen erweitert sich: Kropp hat einen Brief Kantoreks, des ehemaligen Klassenlehrers der Gymnasiasten, erhalten, Gelegenheit für die jungen Männer, sich einige Ereignisse ihrer Schulzeit zu vergegenwärtigen. In diesem Zusammenhang findet der Tod ihres Klassenkameraden Josef Behm Erwähnung, ebenso wie die Verwundung ihres Freundes Kemmerich, den sie wenig später im Feldlazarett besuchen. Nach einer Beinamputation liegt er im Sterben: Zwischen ihm und Müller entwickelt sich eine lange Diskussion über die Übereignung eines Paars Fliegerstiefel – das auf den Leser pietätlos wirkende Verhalten Müllers entspringt einem reinen Nützlichkeitsdenken, wie es die Kriegszeit ihn und seinen Kameraden gelehrt hat.

> Das Kompanieleben ist geprägt von Sterben, Verwundung und Nützlichkeitsdenken

Kapitel 2

Einige Reflexionen des Erzählers Paul Bäumer zu Beginn des Kapitels haben die durch den Krieg geschaffene besondere Lage der vier Gymnasiasten zum Thema: Ihr früherer jugendlicher Optimismus ist tiefer Niedergeschlagenheit und einem Gefühl großer Enttäuschung gewichen. Die schikanösen Ausbildungsmethoden des Unteroffiziers Himmelstoß, die Bäumer rückblickend beschreibt, haben entscheidend dazu beigetragen.

> Jugendliche Kriegsbegeisterung der vier Gymnasiasten wich tiefer Niedergeschlagenheit und Enttäuschung

Die dem sterbenden Kemmerich noch verbleibenden Stunden verbringt Paul Bäumer mit ihm im Lazarett. Erinnerungen an vergangene sorglose Zeiten werden überlagert vom Anblick des immer sichtbarer werdenden Verfalls des Freundes; rührend hilflos wir-

3.2 Inhaltsangabe

Im Westen nichts Neues (All Quiet on the Western Front, USA 1930, Regie: Lewis Milestone) mit Lew Ayres als Paul Bäumer © Cinetext

ken Pauls Versuche, Trost zu spenden, Kemmerich aufzumuntern durch die Erinnerung an gemeinsame Jugenderlebnisse.

Der Tod Kemmerichs, für den Erzähler eine Zäsur in dessen Leben, ist im militärischen Alltag völlig bedeutungslos: „Heute allein wieder sechzehn Abgänge – deiner ist der siebzehnte." (S. 34)

Kapitel 3

Katczinskys großartiges Organisationstalent, seine Fähigkeit, jeder Notlage zu begegnen, wird anhand eines Beispiels unter Beweis gestellt. In einem von den Einwohnern fast völlig verlassenen Dorf

Katczinskys Organisationstalent

3.2 Inhaltsangabe

Wunschträume zur Vermeidung eines Krieges

Rückschau über sadistischen Ausbilder Himmelstoß

gelingt es ihm, ein leeres Fabrikgebäude in eine halbwegs akzeptable Unterkunft zu verwandeln. Die Freunde ergehen sich während eines Essens in Vorschlägen zur Vermeidung eines menschenmordenden Krieges zwischen den Völkern – lustig zu lesen, aber leider nur Wunschträume (S. 41 f.). In Form einer Rückblende beschäftigen sich die Soldaten nochmals mit ihrer Ausbildungszeit unter Himmelstoß – in der Rückschau, vor dem Hintergrund des Grauens und Leidens an der Front, erfährt diese Zeit eine Verklärung (S. 42 f.). Ihre kritische Stellungnahme zu der keiner Kontrolle unterliegenden militärischen Hierarchie (S. 43 f.) wird durch Tjadens Mitteilung von der bevorstehenden Ankunft des Unteroffiziers Himmelstoß unterbrochen, für den Erzähler die Möglichkeit, den Leser mit früheren Ereignissen während ihrer Ausbildung vertraut zu machen, u. a. mit der „Rache" der Soldaten an Himmelstoß für erlittene Demütigungen.

Kapitel 4

Direkter Fronteinsatz: instinktgesteuertes Verhalten der Soldaten

Mit dem vierten Kapitel beginnt der direkte Fronteinsatz der Gruppe um Paul Bäumer. Langsam nähert sie sich der vordersten Frontlinie – angespannt, in der Vorahnung eines gegnerischen Angriffs, für den Erzähler die Gelegenheit zu einigen Überlegungen, die die Gefühle der Soldaten betreffen, ihr durch den Instinkt gesteuertes Verhalten während der Kampfhandlungen. Dann setzt der direkte Beschuss ein – die Soldaten suchen die Nähe des anderen, um ihrer Angst Herr zu werden: Bäumer sucht Kats (Katczinskys) Nähe, ein junger Rekrut findet Schutz in Bäumers Armen (S. 57).

Wenig später werden sie Zeugen einer grauenhaften Szene: Schreiende, auf den Tod verwundete Pferde rennen panisch über das Schlachtfeld und müssen erschossen werden. Nicht nur Detering, den Bauern, wühlt dieser Anblick und dieses Schreien auf –

3.2 Inhaltsangabe

Tiere sind Teil seines beruflichen Alltags, mit ihnen fühlt er sich verwachsen (S. 59 f.). Für einen Moment scheint sich die Lage zu entspannen, aber kaum auf dem sog. „Jägerfriedhof" angekommen, sehen sich die Soldaten verschärftem Artilleriebeschuss ausgesetzt: In den Gräbern, bei den Toten, suchen sie Schutz vor dem Tode. Der dann erfolgende Gasangriff vermittelt dem Leser, zusammen mit der Kommentierung des Erzählers, einen Eindruck der Wirkungen dieser heimtückischen Waffe (S. 63–66).

Gasangriff auf dem „Jägerfriedhof"

Nach dem Angriff ist der Friedhof ein Ort der Vernichtung. Die Toten müssen geborgen, die Schwerverletzten versorgt werden, unter ihnen der junge Rekrut, der zuvor bei Bäumer Schutz suchte. Seine Hüfte ist zerschmettert – in einigen Tagen wird er unter furchtbaren Schmerzen sterben. Bäumer und Katczinsky sind willens, ihn zu erschießen, um seinem Leiden ein Ende zu bereiten – die Ankunft anderer Soldaten lässt die Frage, ob sie ihre Entscheidung wirklich in die Tat umgesetzt hätten, unbeantwortet.

Kapitel 5

Zurückgekehrt in ihr Barackenlager, nimmt der Alltag hinter der Front sie wieder in Beschlag – die Jagd nach Läusen verläuft mit großer Akribie und vermittelt dem Leser einen Einblick in das auch jenseits der Kampfhandlungen beschwerliche, entwürdigende Leben der Soldaten.

Während die älteren Frontsoldaten Pläne für das Kriegsende schmieden, sind die Gymnasiasten perspektivlos

Die sich anschließende Diskussion über ihre Pläne nach dem Kriegsende ist eine Möglichkeit, die Gegenwart überhaupt ertragen zu können. Kat sehnt sich nach seiner Frau und seinem Jungen, Haie Westhus träumt von einem paradiesischen Dasein als Unteroffizier, Detering von seinem Hof, nur im Falle der Gymnasiasten kristallisiert sich im Laufe des Gespräches eine unverkennbare Perspektivlosigkeit heraus.

3.2 Inhaltsangabe

Mit der Ankunft des Unteroffiziers Himmelstoß eröffnet sich für die von ihm ehemals schikanierten Soldaten die Möglichkeit, ihn die veränderte Situation spüren zu lassen: Ihre aufgestaute Wut macht sich Luft. Sie, nunmehr erfahrene Soldaten, die wissen, was Leiden und Sterben bedeutet, fühlen sich ihm, dem „Etappenhengst", überlegen, nehmen auch unvermeidliche disziplinarische Maßnahmen in Kauf.

Verbundenheit zwischen Bäumer und Katczinsky

Am Schluss dieses Kapitels brechen Bäumer und Kat auf, um eine Gans zu stehlen, die sie genüsslich verzehren – die Episode ist Beleg für das Gefühl tiefer Verbundenheit zwischen beiden.

Kapitel 6

Nach dem geruhsamen Etappenleben steht ein neuer Kampfeinsatz bevor. Dem voraus geht die symbolträchtige Schilderung ihrer sich täglich wiederholenden Versuche, sich der in immer größerer Zahl auftretenden Ratten zu erwehren.

Andauernder Beschuss bringt Soldaten an ihre physischen und psychischen Grenzen

Das tagelange Warten, begleitet vom Geräusch der auf der Gegenseite ständig rollenden Nachschubzüge, wird durch das plötzlich mit voller Wucht einsetzende Artilleriefeuer jäh unterbrochen. Der lang andauernde schwere Beschuss bringt die Soldaten in ihren Gräben an die Grenzen ihrer physischen und psychischen Belastbarkeit – einige müssen von ihren Kameraden mit Gewalt daran gehindert werden, den einen gewissen Schutz bietenden Unterstand zu verlassen und ins gegnerische Feuer laufen. Die Einschläge der Granaten verschütten Gräben – hilflos, voller Angst, schicksalsergeben warten die Menschen auf ihren Tod. Nach dem Trommelfeuer erfolgt der feindliche Sturmangriff, in dessen Verlauf der Erzähler die für seine weitere Entwicklung wichtige flüchtige Begegnung mit einem französischen Soldaten hat. Der Gegner wird zurückgeschlagen.

Flüchtige Begegnung mit französischem Soldaten

3.2 Inhaltsangabe

In der Ruhe der Nacht erinnert sich Bäumer an seine Heimatstadt Osnabrück, an Momente seines Lebens, die unwiederbringlich vorbei sind.

Die Kampfhandlungen flackern wieder auf, tagelang wechseln Angriffe mit Gegenangriffen, tagelang erleben die Soldaten das langsame, qualvolle Sterben ihrer verwundeten Kameraden, denen sie wegen des dauernden Beschusses nicht helfen können. Ständig werden neue, völlig unzulänglich ausgebildete Rekruten in den Kampf geschickt, Kinder noch, die sinnlos dahingemetzelt werden (S. 117 f.). Bäumer trifft auf Himmelstoß, den er dazu zwingt, an einem Angriff teilzunehmen. Am Ende der tagelangen militärischen Konfrontation, in deren Verlauf Haie Westhus schwer verwundet wird, hat der Gegner Geländegewinne von wenigen hundert Metern erzielt – „aber auf jeden Meter kommt ein Toter." (S. 122)

Kapitel 7

Bäumers Kompanie wird nach schwersten Verlusten in einem Feld-Rekrutendepot neu aufgefüllt. Die Soldaten genießen die Ruhe des Etappenlebens; Bäumer und seine Freunde arrangieren sich mit Himmelstoß, ein amouröses Abenteuer mit einigen Französinnen lässt sie den traurigen Alltag für kurze Zeit vergessen.

Für den Erzähler folgen einige Wochen Heimaturlaub. Innerlich unruhig, nähert er sich seiner Heimatstadt Osnabrück. Beim Eintritt in sein Elternhaus wird er von seinen Gefühlen überwältigt. Seine schwer kranke Mutter lebt in ständiger Unruhe um ihren Sohn Paul, der bewusst die tatsächlichen Gefahren des Krieges verharmlosend darstellt. Während seines ersten Stadtrundgangs trifft er auf einen Major: Durch eine ungenügende Ehrenbezeugung zieht Bäumer den Zorn des Vorgesetzten auf sich und muss dessen in reine Schikane ausartende Zurechtweisung ertragen. Das zufällige Wiedersehen mit einigen seiner Lehrer macht den Erzähler u. a. mit den

Heimaturlaub in Osnabrück:
→ Verharmlosung des Krieges gegenüber der schwerkranken Mutter
→ Wiedersehen mit Lehrern und „Stammtischstrategen"

3.2 Inhaltsangabe

irrwitzigen Vorstellungen großer Teile der Bevölkerung im Zusammenhang mit einem eventuellen Friedensschluss vertraut: Weitgehende Gebietsabtretungen des Gegners werden als selbstverständlich vorausgesetzt (S. 150). Daneben erteilen ihm Stammtischstrategen Nachhilfeunterricht in militärischen Dingen – „Durchbrüche", „Aufrollen der Front" gehen diesen Herren, aus sicherer Entfernung, locker von den Lippen.

Bäumer besucht während seines Heimaturlaubs seinen alten Klassenkameraden Mittelstaedt, der für die Ausbildung des Landsturms zuständig ist. Zu diesem „letzten Aufgebot" gehört auch Kantorek, ihr ehemaliger Lehrer, der dafür verantwortlich ist, dass sich die Klasse Bäumers geschlossen als kriegsfreiwillig meldete (vgl. S. 16). Mittelstaedt hat sich nun einen Spaß daraus gemacht, Kantorek in einer Weise einkleiden zu lassen, die die ehemalige – scheinbare – Respektsperson lächerlich wirken lässt. Bäumer muss Frau Kemmerich die Nachricht vom Tode ihres Sohnes überbringen – er verheimlicht das qualvolle Ende seines Freundes und macht es dadurch für dessen Mutter leichter, mit dem Schicksalsschlag fertig zu werden.

Besonders schwer fällt ihm der Abschied von seiner eigenen Mutter – sie versuchen, sich gegenseitig in ihrer Trauer über die bevorstehende Trennung zu trösten, wobei wohl beide ahnen, dass sie einander nicht wiedersehen werden: „Wir müssen uns so vieles sagen, aber wir werden es nie können." (S. 165)

Kapitel 8

Bei einem Heidelager-Kurs trifft Bäumer auf hungernde russische Kriegsgefangene

In den folgenden vier Wochen absolviert Bäumer einen Kursus in einem Heidelager. Der Dienst dort ist nicht sehr aufreibend, persönliche Kontakte mit seinen Kameraden beschränken sich auf das Notwendigste. Das Ausbildungsgelände der deutschen Soldaten grenzt an ein Lager für russische Kriegsgefangene, die unter erbärmlichen

3.2 Inhaltsangabe

Lew Ayres und William Bakewell in Lewis Milestones *Im Westen nichts Neues* (*All Quiet on the Western Front*, USA 1930) © Cinetext

Umständen ihr Leben fristen müssen (S. 170). Das Wenige, das sie besitzen – Schaftstiefel, Schnitzereien – tauschen sie bei den Deutschen gegen einige Scheiben Brot oder Wurst ein, wobei die Notlage der Kriegsgefangenen schamlos ausgenutzt wird.

Bäumers Vater und seine ältere Schwester besuchen ihn im Lager; sie unterhalten sich über die schwere Krebserkrankung der Mutter, die finanzielle Notlage der Familie, die eine optimale Behandlung der Erkrankten unmöglich macht.

3.2 Inhaltsangabe

Kapitel 9

Bei Rückkehr zu seiner Einheit Inspektionsbesuch des Kaisers

Bei Gefechtseinsatz tötet er im Nahkampf einen französischen Buchdrucker und erlebt seinen Todeskampf mit

Bäumer kehrt zu seiner Einheit zurück. Nach einigen Tagen erscheint der Kaiser zur Inspektion der Truppe, was für Bäumer und seine Freunde die Gelegenheit bietet, über den Krieg und seine Ursachen und Konsequenzen für die unterschiedlichen Bevölkerungsgruppen zu diskutieren.

Während eines wenig später erfolgenden Gefechtseinsatzes verliert Bäumer den Kontakt zu seiner Einheit – Angst ergreift ihn in dem unübersichtlichen Trichterfeld (S. 187). Er verbirgt sich in einem mit Wasser gefüllten Trichter, die Nerven bis zum Äußersten gespannt. Plötzlich fällt ein gegnerischer Soldat in seinen Trichter – blitzschnell stößt Bäumer mit seinem Dolch zu. Voller Schuldgefühle verbringt er lange, quälende Stunden mit dem Sterbenden (S. 196). Nach dem Tode des Franzosen nimmt er dessen Brieftasche und öffnet sie: Bilder einer Frau und eines kleinen Mädchens fallen ihm entgegen, daneben Briefe, die ihm einen kleinen Einblick in die private Welt dieses Mannes geben: Auch der Franzose ist einer von den „kleinen Leuten", wie Bäumer und seine Familie: „Ich habe den Buchdrucker Gérard Duval getötet." (S. 200) Der Erzähler verlässt sein Loch, nach einiger Zeit finden ihn seine Kameraden.

Kapitel 10

Zusammen mit seinen Freunden muss Bäumer ein von den Bewohnern verlassenes Dorf bewachen. Einige Tage leben sie in fast paradiesischen Verhältnissen, ein wahres „Idyll des Fressens und Schlafens" (S. 206). Nach vierzehn Tagen verlassen sie den Ort. Bei einem erneuten Fronteinsatz werden Albert Kropp und Paul Bäumer verwundet – sich gegenseitig unterstützend, erreichen sie das Feldlazarett, wo sie zunächst notdürftig versorgt werden.

3.2 Inhaltsangabe

Ein Lazarettzug bringt sie nach Köln – in einem katholischen Hospital verbringen sie die nächsten Wochen und müssen erleben, wie viele ihrer Kameraden sterben. Bäumer wird operiert, Kropps Verletzung ist so schwer, dass ihm ein Bein amputiert werden muss. Bilder von grauenhaft verstümmelten Kameraden prägen sich ihnen ein, lassen sie am Sinn des Lebens zweifeln. Die Lewandowski-Episode hellt dieses grauenhafte Szenario etwas auf. Lewandowski erwartet sehnsüchtig den Besuch seiner Frau – das Entgegenkommen der Zimmergenossen ermöglicht den beiden ein kurzes eheliches Zusammensein.

Albert Kropp muss noch einige Zeit im Lazarett bleiben, Bäumer erhält einen Gestellungsbefehl und fährt nach kurzem Urlaub bei seinen Eltern wieder ins Feld.

Nach Verwundung Hospitalaufenthalt in Köln, wo er beim Anblick der vielen verstümmelten und sterbenden Kameraden verzweifelt

Humoristische Lewandowski-Episode

Kapitel 11

Auf den ersten Seiten dieses Kapitels fasst Paul Bäumer seine Erfahrungen als Soldat zusammen und stellt sie in einen größeren gedanklichen Zusammenhang: „[Das] Grauen, das uns bei klarem, bewußtem Denken überfallen würde, – es hat in uns den Kameradschaftssinn geweckt, damit wir dem Abgrund der Verlassenheit entgehen" (S. 241).

Langsam zerbricht die durch das Kriegsgeschehen geformte Gemeinschaft: Detering, von der Sehnsucht nach seinem heimatlichen Bauernhof getrieben, entfernt sich von seiner Einheit und wird von Feldgendarmen aufgegriffen. Müller und Leer fallen, ebenso ihr Kompanieführer Bertinck bei dem Versuch, seine Soldaten vor dem sicheren Tod zu bewahren.

Den Schluss des Kapitels bildet Kats Verletzung und sein für Bäumer unfassbarer Tod.

Zusammenfassung seiner Erfahrungen als Soldat

Zerbrechen der Kameradschaft; Tod Katczinskys

3.2 Inhaltsangabe

Kapitel 12

Bäumer fällt als letzter seiner ehemaligen Klasse

Das letzte Kapitel gibt eine Zusammenfassung der den Protagonisten im Romanverlauf bewegenden Gedanken; Bäumer fällt im Oktober 1918, „der letzte von den sieben Mann" (S. 257) aus seiner Klasse, der Heeresbericht vermerkt an diesem Tage nur, „im Westen sei nichts Neues zu melden." (S. 259)

KAP.	FRONT	ETAPPE	HEIMAT	THEMATIK/ BEFINDLICHKEIT
1		Rückkehr von Front; Essensausgabe; Latrinensitzung; Feldlazarett	Rückblende	scheinbar gelockerte Atmosphäre überdeckt Nachdenklichkeit; Generationsproblematik (Kantorek); „Verlorene Generation"; Kemmerichs Verwundung
2		Feldlazarett	Rückblende	Kemmerichs Sterben; Besondere Lage der jungen Soldaten; Desillusionierung während Rekrutenausbildung
3		Barackenlager	Rückblende	Katczinsky; Erinnerungen
4	Todeskampf der Pferde; Feuerüberfall; Gasangriff			Verzweiflung; indirekte Kritik an militärischer Führung
5		Ruhephase		Bäumers Kriegskameraden; Zukunftspläne; Gänsebraten-Episode; Kameradschaft

3.2 Inhaltsangabe

KAP.	FRONT	ETAPPE	HEIMAT	THEMATIK/ BEFINDLICHKEIT
6	Trommelfeuer			Innere Anspannung; Frontkoller; Bäumers Erlebnis; Jugenderinnerungen Bäumers
7		Liebesabenteuer	Heimaturlaub	Enttäuschung; wachsende Frustration; Suche nach der verlorenen Zeit
8			Heidelager	Begegnung mit den russischen Gefangenen; Bäumers Zukunftsvision
9	Rückkehr zu den Kameraden; „Kriegsdebatte"; Duval-Episode			Kameradschaft; Verständnis für den Gegner; Bäumers Entwicklung / Reifung
10	Bäumers und Kropps Verwundung		Lazarett	Lewandowski-Episode
11	Flucht Deterings; Tod der Kameraden Müller, Leer, Bertinck, Katczinsky			Tragik; Hilflosigkeit
12	Tod des Protagonisten	Warten auf Frieden		Innerer Zwiespalt Bäumers: Niedergeschlagenheit – Zukunftshoffnung

3.3 Aufbau

3.3 Aufbau

ZUSAMMENFASSUNG

> Episodenhaft reiht der Roman typische Kriegssituationen aneinander, wobei Rückblenden die Hintergrundinformationen liefern. Der Ich-Erzähler schildert als Repräsentant der „Verlorenen Generation" die damit einhergehenden psychischen Veränderungen bei sich und seinen Kameraden. Dabei wechselt der Roman zwischen chronologischem, szenischem Erzählen und zeitraffenden Passagen, die in Form von Rückblenden, Umstellungen, Auslassungen und panoramischen Schilderungen die Grausamkeit des Krieges verdeutlichen. Humoristische Szenen und Anekdoten werden dazu kontrapunktisch eingesetzt.

Episodenhafte Sammlung von Einzelerzählungen ehemaliger Kriegsteilnehmer

Zur Entstehungsgeschichte des Romans befragt, antwortete Remarque, dass das Werk letztendlich nur eine Sammlung von Einzelerzählungen ehemaliger Kriegsteilnehmer sei: „It was really simply a collection of the best stories that I told and that my friends told as we sat over drinks and relived the war."[28] In der Tat fällt hinsichtlich der Struktur das Fehlen einer zusammenhängenden Handlung auf; zahlreiche Episoden werden aneinander gereiht, die sich auf für jeden Soldaten typische Situationen beziehen: Kasernenhofdrill, Schanzarbeiten, Ruhepausen, Lazarettszenen, Heimaturlaub. Daneben ist

Rückgriffe liefern Hintergrundinformationen; Ich-Erzähler schildert psychische Veränderungen

für den Makroaufbau des Romans die additive Handlungsfügung mit der Einfügung von Vorzeithandlungen in den Ablauf des gegenwärtigen Geschehens charakteristisch. Durch diese Rückgriffe wird

---

28 Geldern, *Erich Maria Remarque Lays Down Some Rules for the Novelist*, in: The New York Times Book Review, 27. Januar 1946

3.3 Aufbau

es möglich, die Zahl der Schauplätze zu erweitern, Hintergrundinformationen zu liefern und gegenwärtige Probleme und Verhaltensweisen verständlich zu machen. An den Erzählverlauf sind die den Ich-Erzähler Paul Bäumer betreffenden innerseelischen Vorgänge geknüpft. Die nicht mögliche genaue Lokalisierung der Schauplätze der Handlung ist für das Gefüge des Romans unerheblich, ebenso die fehlenden präzisen Zeitangaben. Anders verhält es sich mit den eingefügten Landschafts- und Naturbeschreibungen, die zu einer wichtigen Komponente innerhalb des dichterischen Vorgangs werden, da sie z. B. die momentane gelöste Stimmung der Soldaten widerspiegeln (S. 14) oder als kontrastierende Bilder des Friedens zu dem Leid der Menschen anzusehen sind (S. 167).

Naturbeschreibungen als Kontrast oder Widerspiegelung menschlichen Leids

Wichtig für die Struktur des Romans ist die Behandlung der Generationsproblematik, verbunden mit dem Thema der „Verlorenen Generation": Die Überzeugung, einer um ihre Jugend betrogenen und ihrer Zukunft beraubten Generation anzugehören, durchzieht als roter Faden den Roman. Neben diesen beiden Themenbereichen stellt die innere Entwicklung des Protagonisten Paul Bäumer ein weiteres strukturierendes Element dar.

Bäumer als Repräsentant einer um seine Jugend betrogenen „Verlorenen Generation"

Die ersten drei Kapitel schildern das Etappenleben, allerdings ist der Krieg in seiner ganzen Brutalität von Anfang an präsent: Kemmerichs langsames, qualvolles Sterben steht im Zentrum dieses ersten Handlungsabschnittes, lässt erahnen, was die Soldaten im Fronteinsatz erwartet. Wir erfahren einiges über die im Mittelpunkt des Romans stehenden Personen – die vier Gymnasiasten Bäumer, Müller, Leer und Kropp und ihre Freunde Tjaden, Westhus, Detering und Katczinsky aus dem Arbeiter- und Bauernmilieu. Rückblenden machen uns teilweise mit der Sozialisation der Personen vertraut, daneben bekommt der Leser einen Eindruck von ihrer vormilitärischen Ausbildung.

Kap. 1–3 schildern Etappenleben

3.3 Aufbau

Kap. 4–6 zeigen Grausamkeiten des Krieges

Im zweiten Handlungskomplex (Kapitel 4–6) wird dem Leser in den Kapiteln 4 und 6 vor Augen geführt, was der Krieg für Mensch und Tier bedeutet – sich täglich wiederholendes Leiden in einem von beiden Seiten mit unvorstellbarer Grausamkeit geführten Krieg. In Kapitel 5 gewinnt der Leser Einblick in die Psyche der Soldaten, erkennt ihre Frustration, erfährt von ihren Zukunftsängsten, erlebt aber auch, wie der Einzelne durch den in der Gruppe herrschenden Kameradschaftsgeist aufgefangen wird.

Kap. 7–9 zeigen innere Entwicklung des Protagonisten

In den eine gedankliche Einheit bildenden Kapiteln 7–9 tritt an die Stelle der bisher im Vordergrund stehenden Einzelepisoden, strukturiert durch eine Intensivierung des Kriegsgeschehens, ein sich auf die innere Entwicklung des Protagonisten konzentrierender Aufbau. Die äußere Handlung wird z. T. auf die Funktion eines bloßen Erzählgerüsts zurückgedrängt – vorherrschend im Erzählverlauf sind innerseelische Vorgänge. Während die übrigen Personen aufgrund ihres Verhaltens nur von außen her vom Rezipienten beurteilt werden können, wird der Ich-Erzähler Bäumer für den Leser verstärkt in seinen geheimen Seelenregungen fassbar.

Das siebte Kapitel macht die enge gefühlsmäßige Bindung zwischen Bäumer und seiner Mutter deutlich – die Liebe zu ihr bindet ihn an seine Heimat, wohingegen ihm ansonsten im Verlauf seines Urlaubs die völlige innere Entfremdung von seiner ehemals vertrauten Umgebung bewusst wird. Er löst sich innerlich aus dem alten Rahmen, gewinnt die Kraft, Neues zu denken, neue Lebensentwürfe ins Auge zu fassen, woraus die Solidarisierung mit den russischen Gefangenen und sein wachsendes Verständnis für den Kriegsgegner erwächst.

Ab 10. Kap. werden Kriegsgräuel verstärkt vor Augen geführt

Ab dem zehnten Kapitel nimmt der Krieg einen immer breiteren Raum ein. Bäumers Verwundung mit dem sich daraus ergebenden Lazarettaufenthalt komprimiert alle Gräuel des Krieges an einem einzigen Ort. Durch das Leben in der Etappe werden die grausa-

3.3 Aufbau

men Fronterlebnisse zeitweise in den Hintergrund gedrängt – das permanente Leiden und Sterben im Lazarett bietet nur noch für ganz kurze Zeit (Lewandowski-Episode) die Möglichkeit der inneren Entspannung.

In den Kapiteln 1–10 findet sich bei der Gruppe um Bäumer noch die Fähigkeit, aus jeder Situation das Beste zu machen und die kurzen Augenblicke der Ruhe zu genießen; der letzte Teil (Kapitel 11–12) vermittelt den Eindruck allgemeiner Niedergeschlagenheit: Ausgelaugt, innerlich tot – „Trichterfelder draußen und drinnen" (S. 239) – haben die Soldaten mit ihrem Leben abgeschlossen. Geblieben ist die rein physische Existenz „an der Grenze des Todes" (S. 240). Die Gruppe um Bäumer bricht auseinander – viele seiner Kameraden fallen, sein eigener Tod beschließt den Roman.

Kap. 1–10: verhaltener Optimismus;

Kap. 11–12: allgemeine Niedergeschlagenheit

Erstes Kapitel: Die ersten Sätze des Romans sind nach dem im Prolog gegebenen Hinweis auf die vom Krieg zerstörte Generation überraschend. Es herrscht eine gelockerte Stimmung, nichts erinnert zu Beginn an den Krieg: „Wir ... sind satt und zufrieden." (S. 7)

Die beiläufige Bemerkung „Wir haben ... [die Bescherung] nur einem Irrtum zu verdanken" (S. 8) weckt unser Interesse – der „Irrtum" wird wenig später aufgeklärt: An einem einzigen Tag hat die Kompanie im Gefecht fast die Hälfte ihrer Mannschaftsstärke verloren. Durch die Bemerkung „Das hätte schiefgehen können" (S. 14 f.) und durch den Hinweis auf Kemmerichs Verwundung (S. 15) erscheint der Krieg als das, was er für die Soldaten wirklich bedeutet: Leiden und Sterben.

Thema Leiden und Sterben im Ersten Weltkrieg

Ein weiterer, für den Roman wichtiger Themenbereich wird im ersten Kapitel angesprochen – die Generationsproblematik. Anlass dafür ist ein Brief an Albert Kropp, verfasst von Kantorek, dem ehemaligen Klassenlehrer der vier Gymnasiasten (S. 15). Der Erzähler

Thema Generationsproblematik

3.3 Aufbau

verlässt die Ebene des gegenwärtigen Geschehens und blickt zurück auf die als prägend empfundenen Einflüsse eines repräsentativen Vertreters der älteren Generation. Eigene an der Front gemachte Erfahrungen des Erzählers, denen die ihm und seinen Mitschülern vermittelten Ideale nicht standhalten, führen zu bitteren Kommentaren (S. 15–18).

Der das Kapitel abschließende Besuch bei dem verletzten Kemmerich rückt Krieg und Tod in greifbare Nähe und führt dem Leser die verheerenden Folgen einer sich in hohlem, verlogenem Pathos ergehenden Erziehung vor Augen, bringt ihn dazu, innerlich gegen die ältere Generation Stellung zu beziehen (S. 18–22).

Thema „Verlorene Generation"

Das dritte, den Roman neben Kriegsgeschehen und Generationskonflikt durchziehende Thema, nämlich das der „Verlorenen Generation", wird ebenfalls kurz angesprochen (S. 18), jedoch noch nicht wirklich thematisiert.

Rückblende über Grundausbildung

Das geschieht zu Beginn des **zweiten Kapitels**. Der indirekte Vergleich des Krieges mit einem reißenden Strom illustriert die Hilflosigkeit der jungen Leute und hebt das Besondere ihrer Situation hervor (S. 24). Der zweite Teil dieses Kapitels (S. 25–29) vermittelt dem Leser in Form einer Rückblende einen Eindruck von ihrer Ausbildung nach der Freiwilligenmeldung.

Kemmerichs langsames, qualvolles Sterben (S. 30–35) ist eine einzige bittere Anklage der für seinen Tod Verantwortlichen, u. a. eben auch ihres Lehrers Kantorek.

Innere Verrohung der Soldaten

Die thematische Einheit innerhalb der beiden ersten Kapitel ergibt sich aus einigen gedanklichen Verknüpfungen: In Kapitel 1 beklagt der Erzähler die innere Verrohung der jungen Soldaten (S. 23), die das Ergebnis des täglichen Erlebens unvorstellbarer Gräuel sind, was zu Abstumpfung und Gefühlskälte führt. Wenn ihr Kamerad Müller nur an den Erwerb der Stiefel des sterbenden

3.3 Aufbau

Kemmerich denkt (S. 20 f.), so belegt das diesen spezifischen Seelenzustand, ebenso Bäumers kaltschnäuzige Bemerkung: „Nur die Tatsachen sind richtig und wichtig für uns. Und gute Stiefel sind selten." (S. 24)

Drittes Kapitel: Obwohl die ersten drei Kapitel keine direkten Kampfhandlungen schildern, werden für den Leser die verheerenden Folgen des Krieges gleich zu Beginn des Kapitels erkennbar: Bäumers Kompanie wird wieder auf Kampfstärke gebracht – immer jünger werden die Soldaten, immer mörderischer wird der Krieg.

Die folgenden Seiten des Kapitels (S. 37–40) haben eher anekdotischen Charakter; sie knüpfen an die Kurzcharakteristiken des ersten Kapitels an und sind Beleg für Kats dominierende Position innerhalb der Gruppe.

Der Erzähler verlässt die Gegenwartsebene des Romans, indem er die Personen über ihre Rekrutenzeit diskutieren lässt. Während in Kapitel 2 die menschenverachtenden Methoden ihres Ausbilders Himmelstoß direkt vorgeführt wurden, versuchen die Freunde nun die Motive für ein derartig schikanöses Verhalten aufzudecken (S. 40–45).

Reflexionen und Kommentare abstrahieren die von ihnen erfahrene Realität und führen nunmehr zu allgemein gültigen Aussagen. Indem die Soldaten die Ebene des rein persönlichen Erlebens verlassen, binden sie den Leser in das Geschehen mit ein. Die Himmelstoß betreffenden Aussagen der Kapitel 2 und 3 sind vom Rezipienten in Bezug auf ihren Wahrheitsgehalt nicht zu beurteilen – er erwartet somit seinen Auftritt voller Spannung. Diesen Moment zögert Remarque weiter hinaus: Nach Tjadens kurzer Ankündigung „Himmelstoß ist unterwegs nach hier. Er kommt an die Front" (S. 45) fügt er in einer Rückblende weitere Episoden ein (S. 45–48), die z. T. den bisherigen negativen Eindruck von Himmelstoß zwar vertie-

Anekdoten belegen Kats Autorität

Reflexionen und Kommentare der Figuren über den Krieg

3.3 Aufbau

fen, jedoch insbesondere im Hinblick auf die Prügelszene lediglich Unterhaltungswert besitzen.

Der einleitende Satz der **vierten Kapitels** „Wir müssen nach vorn zum Schanzen" (S. 49) signalisiert hinsichtlich des Handlungsortes einen Einschnitt: Während der Krieg in den ersten drei Kapiteln aus einer gewissen Distanz oder aber in seinen Folgen für die anderen erlebt wurde, wird nunmehr die Gruppe um Bäumer direkt mit ihm konfrontiert.

Chronologisches Erzählen der Annäherung an die Front → Kap. 1–3: Rückblenden, Umstellungen, Auslassungen

Ein anderer Unterschied betrifft die Zeitbezüge des Erzählens: In den Kapiteln 1 bis 3 tritt ab S. 12 der erzählte Stoff aus der einfachen Sukzession heraus. Durch Rückblenden, Umstellungen und Weglassen durchbricht der Erzähler den chronologischen Ablauf, d. h. das Verhältnis von Erzählzeit und erzählter Zeit verändert sich ständig.

Im vierten Kapitel werden die Ereignisse in ihrer genauen Abfolge wiedergegeben, der Erzähler trifft keine Auswahl im Hinblick auf die Ereignisse, so dass Erzählzeit und erzählte Zeit im Wesentlichen zusammenfallen – lediglich auf den Seiten 52 und 53 wird der Handlungsablauf durch Reflexionen des Autors unterbrochen. Die Strukturierung ergibt sich aus der langsamen Annäherung an die Front. Die gelockerte Stimmung zu Beginn (S. 49) weicht mit dem sich verstärkenden Geschützdonner einem immer intensiveren Gefühl der Bedrohung: „Jedes Wort unserer Gespräche hat einen veränderten Klang." (S. 51) Wenig später durchfährt sie wie ein Schock das furchtbare Schreien der zu Tode getroffenen Pferde (S. 58 f.) – sie nehmen den Todeskampf der Tiere aus der Ferne wahr, zur Untätigkeit verdammt, können sie sich dem innerlich nicht entziehen.

Die zunehmende Unruhe Kats steigert die Spannung und ist ein Indiz dafür, dass auch für die Gruppe die latent spürbare Bedrohung

3.3 Aufbau

immer konkreter wird. Wenige Sekunden später bricht das Inferno los – dreizehn Soldaten werden verwundet oder getötet. (Näheres zu der sprachlichen Gestaltung dieser Szene vgl. Kapitel 3.6 dieses Bandes.)

Nach der ungeheuren Dramatik des vierten Kapitels bedeutet das **fünfte Kapitel** mit der Schilderung des Etappenlebens im Hinblick auf das äußere Geschehen eine Ruhephase: Der Leser macht genauere Bekanntschaft mit Bäumers Kriegskameraden, erhält Einblick in ihr soziales Umfeld, ihren Alltag, ihre Sorgen, Wünsche, Träume. Das Erscheinen des Unteroffiziers Himmelstoß sowie die spielerische Darstellung einer Unterrichtsstunde bedeuten innere Entspannung und lassen den Krieg für kurze Zeit vergessen. Das lange Gespräch über ihre Pläne nach Beendigung des Krieges ist in Verbindung mit den zu Beginn des zweiten Kapitels gemachten Feststellungen zu sehen (S. 23 f.): Während Kat, Detering und Westhus wissen, wie sie ihr Leben nach dem Kriege gestalten werden, haben Bäumer und seine Klassenkameraden keine wirklichen Zukunftspläne: „Was soll das bloß werden, wenn wir zurückkommen?" (S. 79) Am Schluss des Kapitels tritt diese resignative Grundstimmung in den Hintergrund. Die an derber Komik reiche Szene im Zusammenhang mit der „Requirierung" der Gans wirkt idyllisch, völlig losgelöst von der Welt des Krieges (S. 84), sie dient jedoch nicht der bloßen Erheiterung: Der gemeinsame Verzehr des Tieres symbolisiert das Ideal der Kameradschaft – für Bäumer sind diese Momente eine Rückkehr zu den Quellen des Lebens, zu Schutz und Geborgenheit. Indem Remarque auf das Schreckensszenario in Kapitel 4 als Kontrapunkt die Schilderung des paradiesischen Zustandes am Ende des Kapitels 5 folgen lässt, verstärkt er die innere Erschütterung des Lesers und macht ihm überdeutlich die zerstörerischen Kräfte des Krieges bewusst.

Charakterisierung von Bäumers Kriegskameraden

Derbe Komik

Kameradschaftsideal

3.3 Aufbau

Erste Phase: innere Anspannung vor Kampf

Der Beginn des **sechsten Kapitels** zerstört abrupt die idyllische Atmosphäre des Gänsebratenessens: „Eine doppelte, hohe Mauer von ganz neuen, hellen, unpolierten Särgen" (S. 90) lässt erahnen, welch grausamer Kampf den Soldaten bevorsteht. Auf das nahende Sterben weist auch die Erwähnung der an Zahl ständig zunehmenden Ratten, der „Leichenratten" (S. 92), hin. In dieser Phase unerträglicher innerer Anspannung ist die Jagd auf die Tiere ein Ventil für die Soldaten – es ist ein Kampf gegen die Angst, gegen das Gefühl, hilflos einem drohenden Schicksal ausgeliefert zu sein. Die Jagd setzt Aggressionen frei, die kaum noch zu kontrollieren sind, und doch nur eine Andeutung von dem geben, was während des immer näher rückenden Kampfes an menschlicher Aggressivität zu erwarten ist.

In diesen Rahmen spannungssteigernder Einzelszenen ordnet sich auch die Beschreibung der beim Nahkampf benutzten Waffen ein (S. 94) – es handelt sich um eine bewusste Verfremdung, denn der Leser nimmt nicht nur die sich wie eine Gebrauchsanweisung lesende Funktionsdarstellung von Seitengewehr und Spaten in sich auf, er malt sich gleichzeitig die dazugehörigen Schreckensszenen aus.

Zweite Phase: Frontkoller, Unterstandsangst beim Trommelfeuer

Mit der Schilderung des Artilleriebeschusses, eingeleitet durch den Satz „Die Erde dröhnt" (S. 95), beginnt der **zweite** Teil des sechsten Kapitels (S. 95–123), der dem Leser, nach der Darstellung der materiellen Zerstörungen, die Auswirkungen des Trommelfeuers auf die Psyche mehrerer Soldaten vor Augen führt. Der Frontkoller und die Unterstandsangst erscheinen als ein sich langsam entwickelndes, mit Lippenzittern beginnendes Krankheitsbild

Dritte Phase: grausamer Kampf Mann gegen Mann

(S. 96), gefolgt von Ruhelosigkeit (S. 98), Tobsucht (S. 100) und epileptischen Anfällen (S. 101). Indem Remarque den Krankheitsverlauf an die ständige Intensivierung des Beschusses bindet, schafft er bereits in diesem Teil eine ungeheure Dramatik, die mit dem

3.3 Aufbau

den dritten Teil des sechsten Kapitels einleitenden direkten Angriff „Der Angriff ist da" (S. 101) ihren Höhepunkt erreicht. Über mehrere Seiten (S. 101–107) werden wir Zeugen eines an Grausamkeit nicht zu überbietenden Mann-gegen-Mann-Kampfes (S. 103, 106). Auf die Kampfphase folgt eine Ruhepause: „Der Abendsegen beginnt." (S. 108) Ausgehend von einer schwermütigen Abendstimmung, erinnert sich der Erzähler Paul Bäumer an friedliche Augenblicke in seiner Heimatstadt Osnabrück. Dieser Abschnitt (S. 108–111) knüpft an das zweite Kapitel an: Er greift Jugenderinnerungen auf und erinnert den Leser an Kemmerichs Sterben (S. 33). Schwermut erfasst den Erzähler: Die Zeit der unbeschwerten Jugendjahre ist für sie alle endgültig vorbei.

Vierte Phase: Ruhepause mit schwermütigen Erinnerungen des Ich-Erzählers

Die dann folgenden Seiten (S. 111–122) gehen auf die sich wiederholenden Kampfeshandlungen ein, erwähnen Einzelschicksale, resümieren, was den Soldaten erwartet: „Die Sonne geht auf, die Nacht kommt, die Granaten pfeifen, das Leben ist zu Ende." (S. 122)

Der Schluss des Kapitels stellt eine innere Verbindung zum Beginn des Romans her: Von den ursprünglich hundertfünfzig Mann bei Beginn des Fronteinsatzes ist nach einem knappen halben Jahr nur ein kleiner Rest übrig geblieben: „Es war noch Sommer, als wir hinausgingen, und wir waren 150 Mann. Jetzt friert uns, es ist Herbst ... eine kurze Reihe tappt in den Morgen hinaus. Zweiunddreißig Mann." (S. 123)

Kapitelschluss-Resümee: Von 150 Mann blieben nach Fronteinsatz 32 Mann übrig

Das **siebte Kapitel** bringt hinsichtlich des Gesamtaufbaus des Romans einen Ortswechsel: Der die Kapitel 1 bis 6 charakterisierende Wechsel zwischen der Schilderung des Etappenlebens und der Fronterlebnisse wird aufgegeben, Handlungsschauplatz ist nun im Wesentlichen die Heimatstadt des Erzählers.

Dem Heimaturlaub des Protagonisten geht die kurze Liebesepisode mit einigen französischen Mädchen voraus, thematisch vor-

Schauplatzwechsel in die Heimatstadt des Protagonisten

Liebesepisode mit französischen Mädchen

3.3 Aufbau

bereitet durch das Bild einer schönen Frau auf dem Plakat eines Fronttheaters. Für die Soldaten, gewohnt an Dreck, Elend, Sterben, eröffnet sich hier eine andere Welt: „Das ist der Frieden, so muss er sein, spüren wir erregt." (S. 128) Der Treffpunkt mit den Französinnen ist durch die Beschreibung des Ortes mit den Jugendjahren des Erzählers verbunden: Man trifft sich an einem Kanal, in der Nähe von Pappelwäldern. Die Erwähnung der Pappeln erinnert an die „Pappelallee am Klosterbach" (vgl. S. 33), die Bäumer seinem sterbenden Freund Kemmerich gegenüber ansprach, um ihm Trost zu spenden, und an die Heimatstadt, wo „sich an einem Bach eine Reihe von alten Pappeln [erhob]." (S. 109) Dieses innere Ruhe und Frieden symbolisierende Motiv weckt in uns die irrige Erwartung, dass das Zusammensein mit der jungen Frau dem Erzähler Erfüllung bringen werde (S. 136 f.).

Bäumers steigende Anspannung auf dem Weg nach Hause

Über fünf Seiten (S. 138–142) macht uns Remarque mit Bäumers Gefühlen während seiner Reise nach Hause bekannt, lässt uns teilhaben an Bäumers sich steigernder Anspannung: Die Landschaft wird ihm immer vertrauter, die langsame Einfahrt in den Bahnhof wird mit seinen Erinnerungen an Kindheits- und Jugenderlebnisse geschickt verknüpft, ebenso der Weg zum Elternhaus: „Und dann stehe ich vor der braunen Tür mit der abgegriffenen Klinke, und die Hand wird mir schwer." (S. 141) Bewusst verzögert der Autor das direkte Zusammentreffen zwischen Mutter und Sohn, dem emotionalen Höhepunkt dieses Kapitels: „‚Mein lieber Junge', sagt meine Mutter leise." (S. 143) Die tiefe Liebe zwischen beiden, die Intensität ihrer Gefühle kontrastiert mit der Liebeszene zwischen Bäumer und der Französin, die in ihm keine wirklichen Empfindungen freisetzt, sondern rein oberflächlicher Natur ist.

Verschiedene Phasen von Bäumers Desillusionierung während seines Heimaturlaubs

Der weitere Aufbau des Kapitels verdeutlicht die verschiedenen Phasen von Bäumers Desillusionierung, beginnend mit der Einsicht in die Unbelehrbarkeit der älteren Generation (S. 148–150). Es gibt

3.3 Aufbau

keine gemeinsamen Wertvorstellungen mehr, Jung und Alt leben in verschiedenen Welten. Diese Feststellung knüpft an Kapitel 5 an (vgl. S. 79 f.) und bündelt die früheren Ahnungen und Einzeleindrücke wie in einem Brennglas, lässt Vermutungen zur Gewissheit werden.

Auf die für Bäumer erschütternde Erkenntnis seiner inneren Heimatlosigkeit – „Ich finde mich hier nicht mehr zurecht, es ist eine fremde Welt" (S. 151) – folgen zwei Erlebnisse, die auf das erste Kapitel zurückverweisen. Da ist zum einen der Lehrer Kantorek, nunmehr Landsturmmann, der, seiner Amtsautorität beraubt, „jäh entzaubert" (S. 158) wirkt – seine armselige Erscheinung ist äußerer Beleg für seine gleich zu Romanbeginn erkennbare innere Substanzlosigkeit. Zum anderen wird der Besuch bei Kemmerichs Mutter geschildert, der vor dem Hintergrund der Charakterisierung von Pauls Mutter zu sehen ist: Hier werden zwei Frauen beschrieben, die unendlich Schweres zu ertragen haben, mit den Schicksalsschlägen jedoch völlig unterschiedlich umgehen.

Die Klammer der Ereignisse während des Heimaturlaubs bildet Bäumers Zusammensein mit seiner Mutter. Den ersehnten inneren Frieden hat er nicht gefunden, die Sorge um seine todkranke Mutter begleitet ihn als zusätzliche Last zurück an die Front (S. 165 f.). Als junger, ungeformter Mensch muss er einen Weg zur Meisterung seines zukünftigen Daseins finden.

Das **achte Kapitel** schließt z. T. thematisch an Bäumers Zusammensein mit seiner Familie an. Die Befürchtungen hinsichtlich der Krankheit der Mutter werden im Gespräch mit seinem Vater und seiner Schwester, die ihn im Ausbildungslager in der Heide vor seinem erneuten Fronteinsatz besuchen, bestätigt.

In Bezug auf seine innere Entwicklung ist Bäumers Bekanntschaft mit den russischen Kriegsgefangenen wichtig. Bedingt durch

Begegnung mit russischen Kriegsgefangenen eröffnet Bäumer Zukunftsperspektive: Einsatz für Völkerverständnis

3.3 Aufbau

die im vorangegangenen Kapitel gewonnene Erkenntnis, dass ein Anknüpfen an Vergangenes nicht möglich ist, eröffnet sich für ihn nunmehr die Perspektive eines neuen Lebensentwurfs (S. 175 f.): der persönliche Einsatz für das gegenseitige Verständnis der Völker (vgl. Kapitel 3.4 dieses Bandes).

Der Aufbau dieses im Mittelpunkt des achten Kapitels stehenden Abschnitts (S. 167–176) enthüllt eine immer stärkere gefühlsmäßige Bindung des Romanhelden an die russischen Gefangenen: Zunächst spricht er noch von „unsere[n] Feinde[n]" (S. 172), dann entdeckt er ihre „gute[n] Bauerngesichter" (S. 172) und ihre Menschlichkeit und Brüderlichkeit.

Der Beginn des **neunten Kapitels**, Bäumers Rückkehr an die Front, weist nochmals auf seinen enttäuschend verlaufenen Heimaturlaub zurück. Das Gefühl, in der früher vertrauten Umgebung ein Außenseiter geworden zu sein, weicht im Zusammensein mit seinen alten Kameraden, in deren Nähe er sich sicher und geborgen fühlt (S. 180).

<small>Kriegsdebatte der Soldaten zeigt Misstrauen gegenüber Regierung und Verständnis für Gegner</small>

Die an den Kaiserbesuch anknüpfende Kriegsdebatte (S. 181–185) zeigt auf Seiten der Soldaten Misstrauen gegenüber den Regierungen der am Krieg beteiligten Länder sowie gegenüber der Kriegspropaganda und, damit einhergehend, Verständnis für die gegnerischen Soldaten. Hiermit wird an die Gedanken Bäumers beim Anblick der russischen Gefangenen angeknüpft, gleichzeitig haben die betreffenden Aussagen vorausdeutende Funktion in Bezug auf die im Mittelpunkt des Kapitels stehende Duval-Episode.

Der folgende Abschnitt (S. 188–191) bereitet Bäumers ihn existenziell betreffendes Zusammenstoßen mit dem Franzosen langsam vor, entwickelt seine zunehmende Anspannung, die sich dann in seinem unkontrollierten Einstechen auf den Gegner entlädt. Nach der Trennung von seinen Kameraden erfüllt ihn eine wachsende,

3.3 Aufbau

nicht zu erklärende Angst – die Dunkelheit macht eine Orientierung unmöglich. Er glaubt sich beobachtet, wird seiner Furcht nicht Herr. Für einen Augenblick fühlt er sich beim Hören von Kameradenstimmen innerlich beruhigt (S. 191), um bald darauf jede Kontrolle über sein Handeln zu verlieren (S. 192 f.). Der in sein Trichterloch fallende Franzose lässt ihn panisch reagieren (S. 194). Viele Stunden ist er mit dem Sterbenden allein (S. 193–204). Wie schon zu Beginn und in der Mitte des Kapitels, d. h. immer dann, wenn er sich verloren und verlassen fühlt, wenn er tief verzweifelt ist, geben ihm nach der Rückkehr zu seiner Einheit seine Kameraden Halt und neuen Lebensmut (S. 206 f.).

Für Bäumers Entwicklung entscheidende Duval-Episode

Das **zehnte Kapitel** besteht aus zahlreichen Einzelepisoden, die mehrere Aspekte des Krieges beleuchten. Zu Beginn befindet sich Bäumers Kompanie in einem kleinen französischen Dorf, ein scheinbares Idyll, vergleichbar mit dem ersten Kapitel und dem Entenessen in Kapitel 5. Und doch sind die Unterschiede in der Ausgestaltung unverkennbar – der dauernde Beschuss, das Elend der Zivilbevölkerung sind Beleg für die Allgegenwart des Krieges: „Unterwegs begegnen uns die fliehenden Bewohner [der Ortschaft] ... Alle schweigen, als sie an uns vorübergehen." (S. 215) Dass das Leid der Vertriebenen gerade an dieser Stelle des Romans thematisiert wird, belegt, dass der Protagonist nach mehreren ihn rein persönlich betreffenden Erlebnissen eine neue, durch Verständnis und Mitleid geprägte Sicht des Gegners gewonnen hat.

Die Verwundung Bäumers und seines Freundes Albert Kropp bedeutet einen Szenenwechsel: Beide werden ins Lazarett, ein katholisches Hospital in Herbesthal bei Köln, transportiert. Die Fahrt dorthin (S. 219–225) lässt den Leser für kurze Zeit den Ernst der Situation vergessen; die Fürsorglichkeit der Rotkreuzschwestern während des Transports hebt sich wohltuend von dem Verhalten

Bäumer zeigt nach Duval-Episode Verständnis und Mitleid für Gegner

3.3 Aufbau

Lazarett als leiderfüllte Kriegshölle

der Ärzteschaft ab. Einzelne, an sich amüsante Szenen (S. 221 f.) dürfen nicht isoliert vom Gesamtgeschehen betrachtet werden, illustriert doch Bäumers und Kropps Verhalten, dass die Zeit an der Front sie so sehr geprägt hat, dass ihnen – im wörtlichen Sinne – die Worte fehlen, um sich in einer zivilen Gesellschaft adäquat auszudrücken (S. 223). Der mehrere Wochen dauernde Krankenhausaufenthalt ist nur locker strukturiert; mehrere Episoden machen uns mit Einzelschicksalen vertraut, z. B. dem Sterben Franz Wächters (S. 228–231) und der stummen Trauer von Müttern (S. 231). Das Lazarett ist der Ort, der alle Leiden, alle Gräuel des Krieges auf engstem Raum vereinigt – es ist die Hölle, das dortige Leiden sprengt jede Vorstellungskraft. Die Verzweiflung des Erzählers bezieht sich nicht nur auf die Auswirkungen für die Zukunft seiner Generation, wie in den Kapiteln 5 (S. 79 f.), 6 (S. 109 f.), 7 (S. 127 f.) – dieser Krieg hat auch das kulturelle Erbe der Völker entwertet, den Glauben an eine vom Geist der Toleranz geprägte Welt zerstört (S. 236).

Humoristische Episoden („Jagdschein"- Hamacher; Lewandowskis Gattinnenbesuch) als Kontrapunkt gegen Trostlosigkeit

Daneben finden sich Episoden, die den Krieg und seine furchtbaren Folgen für einen Moment in den Hintergrund treten lassen, wie die theaterreife „Nummer" des „Ersatz-Reservist(en) Josef Hamacher" (S. 226) oder das Zusammensein Lewandowskis mit seiner Frau (S. 234–237). Gerade dieser Szene kommt eine besondere Bedeutung zu, ist sie doch Beleg dafür, dass es in dieser Welt des Grauens noch Raum für persönliches Glück gibt, vergleichbar mit dem Gefühl der Geborgenheit innerhalb der Gruppe. Diese für den Aufbau insgesamt charakteristische Kontrapunktik wirkt dem Eindruck der Verzweiflung und der vollkommenen Hoffnungslosigkeit entgegen.

Kapitel 11: Während in den Kapiteln 1–10 die Ereignisse in ihrer chronologischen Abfolge geschildert wurden (mit dem charakteristischen Wechsel zwischen Front und Etappe, erweitert durch

3.3 Aufbau

Bäumers Heimaturlaub und zahlreiche, das jeweilige Geschehen illustrierende Rückblenden), setzt mit dem Beginn des elften Kapitels eine andere Erzählweise ein: „Wir zählen die Wochen nicht mehr. Es war Winter, als ich ankam ... Jetzt sind die Bäume wieder grün." (S. 239)

Ab Kap. 11: iterativ durative Zeitraffung

Die Zeitraffung, d. h. die Unterschreitung der erzählten durch die Erzählzeit, führt zur Aussparung von Ereignissen zwischen den Wintermonaten und dem Frühjahr, ohne dass damit Handlungs- und Sinnzusammenhang gefährdet sind, denn die Erzählinhalte passen sich in die dem Leser bekannte räumliche (Front – Etappe) und thematische Ordnung (Krieg) ein. Diese sog. iterativ durative Raffung fasst Zeiträume durch Angabe sich regelmäßig wiederholender Begebenheiten zusammen (iterativ): „Unser Leben wechselt zwischen Front und Baracken" (S. 239) oder beschränkt sich auf die bloße Erwähnung von unveränderlichen Gegebenheiten (durativ): „Unsere Gedanken ... sind gut, wenn wir Ruhe haben, und tot, wenn wir im Feuer liegen." (ebd.)

Panoramische Erzählweise statt szenische Darstellung

Mit der Raffung geht die panoramische Erzählweise einher: Der Erzähler verzichtet weitgehend auf die direkte Wiedergabe erlebter realer Vorgänge, die charakteristisch ist für die in den vorangehenden Kapiteln vorherrschende szenische Darstellung. Statt den Verlauf der Dinge, auch unter Einbeziehung der direkten Rede, genau wiederzugeben, stellt er nunmehr Betrachtungen und Erörterungen darüber an und schweift ab (S. 241–244, 246–250).

Lediglich Deterings Flucht, Bertincks Tod und Kats Verletzung und Tod werden aus naher Erzählerperspektive geschildert, besonders das letzte Zusammensein mit seinem Freund Kat, da es für den Erzähler der entscheidende Augenblick in seinem Soldatendasein ist. Diese Szene fesselt den Leser durch ihre Dramaturgie: Kat, relativ leicht verletzt, wird von Bäumer zum Verbandsplatz getragen; beider Gedanken sind auf die Zukunft gerichtet, auf ein glückli-

3.3 Aufbau

Dramaturgisch geschickte Darstellung von Kats Verletzung und Tod

ches Ende, ein Wiedersehen nach dem Krieg. Plötzlich geschieht etwas, das weder Erzähler noch Leser einordnen können: „Kat gurgelt plötzlich und wird grün und gelb. ‚Wir wollen weiter', stammelt er." (S. 254) Mit letzter Kraft erreicht Bäumer den Verbandsplatz, glücklich, seinen Freund gerettet zu haben: „Aber ich lächele – Kat ist geborgen." (S. 255) Die Worte des Sanitäters (ebd.) lassen uns an der glücklichen Rettung zweifeln. Nur langsam begreift Bäumer, was geschehen ist, bis er innerlich zusammenbricht: „Kat ist tot." (S. 255) Im Augenblick höchsten Glücks trifft ihn ein unfassbarer Schicksalsschlag – eine wahrhaft tragische Situation, die uns erneut die menschliche Hilflosigkeit angesichts des aus dem Krieg resultierenden Leids vor Augen führt.

Bäumers ambivalente Zukunftsgefühle → verhaltener Zukunftsoptimismus im Roman

Kapitel 12: Die durch Kats Tod hervorgerufene schwermütige Stimmung bestimmt den Beginn des letzten Kapitels. Die Bäumer bewegenden Gedanken, sein ambivalentes Gefühl hinsichtlich seiner Zukunft, sein Schwanken zwischen tiefer Verzweiflung und einer optimistischen Sicht der Dinge, sind der Epilog zu einem Werk, das Remarque als „nur scheinbar pessimistisch" charakterisiert:

> „Denn weil wir so früh den Tod kennenlernten, wollen wir nun seinen paralysierenden Fluch abschütteln – wir wollen noch einmal anfangen, an das Leben zu glauben."[29]

---

29 Remarque, *Ein militanter Pazifist*, S. 56 f.

3.4 Personenkonstellation und Charakteristiken

> Der Roman schildert das Erleben einer Gruppe von Soldaten um den Ich-Erzähler Bäumer, eines 18-jährigen Gymnasiasten. Die Kriegserfahrungen von ihm und seinen Kameraden (zumeist Gymnasiasten und einfache Leute) stehen exemplarisch für eine desillusionierte, deformierte junge Kriegsgeneration, deren jugendlicher Idealismus sich verwandelt in abgestumpftes Dahinvegetieren. Der Tod auf dem Schlachtfeld wird als sinnloses Leiden geschildert. Als positiver Gegenpol zu gleichgültigen, zynischen oder sadistischen Autoritätspersonen (Ärzte, Lehrer, Großindustrielle, hochrangige Offiziere) fungiert die Kameradschaft innerhalb der Kompanie, die einen Rest an Geborgenheit und Halt vermittelt und von Verantwortung und Toleranz geprägt ist.
> In einem inneren Wandlungsprozess wird die Hauptfigur Bäumer mit seiner Schuld (Duval-Episode) und seiner Orientierungslosigkeit im „zivilen Leben" (Heimaturlaubserlebnisse) konfrontiert. Weitere Figuren sind bis auf wenige Ausnahmen (Katczinsky) weniger facettenreich charakterisiert.

ZUSAMMENFASSUNG

Den entscheidenden Hinweis zu der aus dem herkömmlichen Rahmen fallenden Art der Charakterisierung in diesem Roman liefert uns der erste Satz des Werkes: „Wir liegen neun Kilometer hinter der Front." (S. 7)

Wie im gesamten Verlauf der Handlung steht gleich zu Beginn das Erleben einer Gruppe von Soldaten im Mittelpunkt des Geschehens, nicht das Schicksal eines Individuums. In einem Gespräch mit Axel Eggebrecht betont Remarque, dass es sein Ziel gewesen sei,

Erleben einer Gruppe von Soldaten → exemplarisch für Kriegsgeneration

3.4 Personenkonstellation und Charakteristiken

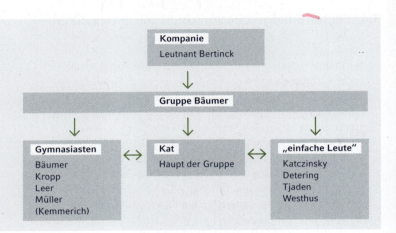

das Kriegserlebnis einer ganzen Generation exemplarisch darzustellen:

> „Unsere Generation ist anders aufgewachsen als alle anderen vorher und nachher. Ihr stärkstes unmittelbares Erlebnis war der Krieg ... Sie sah Blut, Grauen, Vernichtung, Kampf und Tod, das war das allgemeine menschliche Erleben aller."[30]

Eine genaue Analyse der Personenkonstellation zeigt, dass diese sehr allgemeine Aussage Remarques im Roman eine inhaltliche Differenzierung erfährt: Zunächst bezieht sich das „wir" auf die ursprünglich „hundertfünfzig Mann starke Kompanie" (S. 8). Der Erzähler – Paul Bäumer – richtet im Verlauf des Romans sein Augenmerk im Wesentlichen auf eine Untergruppe von insgesamt acht

---

30 Eggebrecht, *Gespräch mit Remarque*, in: Die literarische Welt, 14. Juni 1929

3.4 Personenkonstellation und Charakteristiken

Personen, die freundschaftlich miteinander verbunden sind: Vier stammen aus der gleichen Schulklasse eines Gymnasiums in Osnabrück: Albert Kropp, Müller V, Leer und eben der Erzähler Paul Bäumer. Die übrigen vier gehören einer anderen sozialen Schicht an, sind Vertreter der von Remarque so genannten „einfachen Leute": Tjaden, Haie Westhus, Detering und Stanislaus Katczinsky.

Remarques Hinweis im Prolog, „über eine Generation zu berichten", führt dazu, dass er sein Augenmerk vorrangig auf die allen gemeinsame Erfahrung des Krieges denn auf eine wirklich differenzierende Charakterisierung einzelner Personen lenkt. Die Charaktere sind durch die alles erfassende Macht des Krieges fremdbestimmt, sie sind ihm wie einem Naturereignis ausgeliefert, ihrer Individualität beraubt. Er greift in ihr junges Leben ein, zerstört ihre Lebensplanung und reißt sie wie ein wilder Strom mit sich: „Seit wir hier sind, ist unser früheres Leben abgeschnitten ... Der Krieg hat uns weggeschwemmt." (S. 23 f.) Er ist nicht von der Bevölkerung ausgegangen – finanzielle Interessen einflussreicher Personen spielen eine wichtige Rolle, ebenso politischer und militärischer Ehrgeiz Einzelner. Verantwortlich für die in der Bevölkerung weit verbreitete Überzeugung von der Rechtmäßigkeit des Krieges sind die meinungsbildenden Kräfte: Lehrer, Hochschullehrer, Journalisten, Vertreter der Kirche: „aber unsere Professoren und Pastöre und Zeitungen sagen, *nur wir* hätten recht ..." (S. 181) [Hervorhebung nicht im Original]. Diese Aussagen verdeutlichen, dass der einfache Soldat auf beiden Seiten zum Spielball von Kräften wird, deren Entscheidungen er akzeptieren muss und denen er hilflos ausgeliefert ist.

Besonders die Jüngeren, die gerade anfingen, ihr Leben zu gestalten, sich zu orientieren, Bande zu knüpfen, Wurzeln zu schlagen, sich in einem bestimmten kulturellen Umfeld mit seinen Werten und Normen zu etablieren, haben dem Ansturm der zer-

Romanfiguren vom Krieg deformiert, fremdbestimmt

3.4 Personenkonstellation und Charakteristiken

störerischen Macht des Krieges wenig entgegenzusetzen, sind nicht wie „die älteren Leute ..., ... [die] der Krieg ... nicht zerreißen kann." (S. 23) Den Jüngeren hat der Krieg ihre Jugend genommen, die Zeit, in der es neben der Schule wenig Bewegendes gab, während der sie aber schon eine Ahnung von dem hatten, was das Leben einmal sein könnte: „das Weiche, das unser Blut unruhig machte ... und die Ahnung der Frauen" (S. 258). Dieses Lebensalter ist für sie alle unwiederbringlich vorbei: „Jugend! ... Wir sind alte Leute." (S. 22) Das Ausleben von Stimmungen, den Enthusiasmus, der junge Menschen befähigt, sich mit ganzem Herzen für eine Idee einzusetzen, das Träumerische, Schwärmerische, all das haben diese jungen Soldaten nie wirklich erfahren. An anderer Stelle erläutert Remarque, was „Jungsein" für ihn bedeutet:

Der Krieg zerstörte allen jugendlichen Idealismus

> „Wir waren eine Gruppe junger Menschen, eine Handvoll jungen, sprudelnden Lebens. Die hätte blühen müssen wie Gras und Bäume unter den Wolken des Himmels und sich an hellen, klaren Gedanken freuen, doch sie wurde in ein Chaos von Todesangst und Tod hineingerissen."[31]

In einem Fernsehinterview mit Friedrich Luft betont Remarque, dass im Mittelpunkt von *Im Westen nichts Neues* weniger die Schilderung des Kriegsgeschehens stehe, sondern vielmehr die Frage nach den späteren Auswirkungen des Erlebten auf die Psyche und die Lebensplanung der Betroffenen:

Remarque wollte v. a. die Auswirkungen des Krieges auf die (jugendlichen) Soldaten schildern

> „Mein eigentliches Thema war ein rein menschliches Thema, dass man junge Menschen von 18 Jahren, die eigentlich dem

---

31 Scherp, *Der Gefangene seines Ruhmes. Remarque spricht über sich selbst*, in: Kölnische Zeitung, 26. November 1929

3.4 Personenkonstellation und Charakteristiken

> Leben gegenübergestellt werden sollten, plötzlich dem Tode gegenübergestellt. Und was würde mit ihnen geschehen? ... Es wurde auch zum ersten Male gefragt: ‚Haben nicht Menschen einen Schaden davongetragen oder irgend etwas davongetragen, dass sie im Krieg gewesen sind und alle ihre sogenannten sittlichen Grundsätze umschmeißen mussten?' Man hat ihnen gesagt: ‚Du darfst nicht töten'. Aber man hat ihnen auch gesagt: ‚Du musst gut zielen, damit du triffst'. Nachher wieder."[32]

Träumen, Pläne schmieden, in Gedanken ihre spätere Zukunft gestalten ist den jungen Frontsoldaten nicht länger möglich. Der nackte Überlebenskampf bestimmt ihren Alltag, die tägliche Angst vor dem Leiden und dem Tode, die Erkenntnis, dass dieser Krieg und ihr Sterben sinnlos sind. Für die Gruppe um den Erzähler Paul Bäumer ist der Tod auf dem Schlachtfeld kein Opfertod für das Vaterland; er bedeutet nur furchtbare Qual, der christliche Gedanke der Erlösung von irdischer Pein taucht an keiner Stelle des Romans auf – es ist eine rein diesseitige Welt, in der die jungen Menschen, fast noch Kinder, mit ihren Fragen alleine bleiben, leiden und sinnlos dahingemetzelt werden: „Franz Kemmerich ... Laßt ihn nicht sterben!" (S. 32)

Tod auf dem Schlachtfeld ist kein Opfertod/ keine Erlösung, sondern sinnloses Leiden

Der dem Roman vorangestellte Prolog: „Dieses Buch soll ... nur den Versuch machen, über eine Generation zu berichten, die vom Kriege zerstört wurde – auch wenn sie seinen Granaten entkam" ist gewissermaßen die Zusammenfassung der Grundüberzeugung Remarques, dass die Kriegsgeneration durch ihre Erlebnisse an der Front in einer Weise geprägt worden ist, die ein zukünftiges Leben im Rahmen einer bürgerlichen Existenz unmöglich macht. An zahlreichen Stellen in dem Roman finden sich Hinweise auf diese

---

32 Remarque, *Ein militanter Pazifist*, S. 121 f.

3.4 Personenkonstellation und Charakteristiken

Zahlreiche Hinweise auf Problematik der „Verlorenen Generation"

Problematik der „Verlorenen Generation", am prägnantesten als eine Art Quintessenz aus den Kriegserlebnissen am Schluss des Romans: „Wenn wir jetzt zurückkehren ... – die Jahre werden zerrinnen und schließlich werden wir zugrunde gehen." (S. 257 f.) Die fehlenden Erfahrungen vor und die erlebten Erfahrungen während der Zeit an der Front haben zu dieser tiefen Enttäuschung geführt, zu dem Gefühl, den in der Nachkriegszeit sich stellenden Aufgaben nicht gewachsen zu sein.

Klassenlehrer Kantorek als verantwortungslose, indoktrinierende Autorität

Innerlich noch nicht geformt, werden die jungen Menschen an der Front mit einer Welt konfrontiert, auf die sie nicht oder bewusst falsch vorbereitet worden sind. Leben zu bewahren, zu lieben, hätte ihre Aufgabe sein müssen – Leben zu zerstören war das, was man sie gelehrt hatte, gelehrt von verantwortungslosen Lehrern, wie am Beispiel des Klassenlehrers Kantorek illustriert wird, der die ihm anvertrauten Jugendlichen indoktriniert, sie für den Krieg begeistert, statt selbstständiges, kritisches Denken zu fördern, der sich dem, was politisch gewollt ist, anpasst, statt die Werte der Aufklärung zu vertreten. Das Vertrauen, das die Schüler den Lehrern entgegenbrachten, wurde von diesen schamlos missbraucht, Andersdenkende wurden von ihnen abqualifiziert, lächerlich gemacht, wie z. B. Bäumers Klassenkamerad Behm, der es zunächst ablehnt, sich als Kriegsfreiwilliger zu melden, sich dann aber doch dem auf ihn ausgeübten moralischen Druck beugt. Er fällt als einer der ersten – Bäumers sarkastischer Kommentar ist Beleg für seine Verachtung der Autoritäten der Zeit: „Man kann Kantorek natürlich nicht damit in Zusammenhang bringen ... Darin liegt aber gerade für uns ihr Bankrott." (S. 17)

Ihre Unerfahrenheit, ihr jugendlicher Idealismus machten sie anfangs empfänglich für das verlogene Gerede der älteren Generation von der Notwendigkeit, die Ehre Deutschlands zu verteidigen, von dem Krieg als Möglichkeit, im Einsatz für Kaiser und Vaterland

3.4 Personenkonstellation und Charakteristiken

dem eigenen Leben Sinn zu verleihen, sich einer Herausforderung stellen zu müssen: „Wir hatten keine festen Pläne für die Zukunft ... dafür jedoch steckten wir voll ungewisser Ideen, die ... dem Kriege ... einen idealisierten und fast romantischen Charakter verliehen." (S. 25)

Diejenigen, die diesen Krieg verbal unterstützt haben, sind in den Jahren des millionenfachen Soldatensterbens an der Front unbelehrbar geblieben: Kantorek spricht in einem Brief an Albert Kropp von der „eiserne[n] Jugend" (S. 22) und findet kein kritisches Wort zu seinem damaligen Verhalten als Lehrer, durch das er für das Leiden und Sterben seiner ehemaligen Schüler mitverantwortlich ist. Die Repräsentanten der Schule, das gesamte Erziehungssystem der Zeit haben versagt, sie haben sich an den ihnen anvertrauten Jugendlichen versündigt. Fast noch Kinder, werden sie von den Verantwortlichen in blutige Schlachten geschickt, seelisch völlig überfordert von dem, was sie dort erleben: „Neben uns liegt ein verängstigter Rekrut ... Er ... kriecht wie ein Kind ... an meine Brust. Die schmalen Schultern zucken. Schultern, wie Kemmerich sie hatte." (S. 57)

Versagen der Schule und des Erziehungssystems

Bereits während der militärischen Ausbildung setzt die Desillusionierung der Rekruten ein. Sie erkennen, dass ihre jugendliche Neugier und ihr Bemühen um geistige Entwicklung ganz gezielt zerstört werden. Wir werden hier mit den typischen Charakteristika des Obrigkeitsstaates konfrontiert, der von seinen Bürgern Anpassung und Einordnung erwartet und selbstständige Entscheidungen fürchtet. Jeder Ansatz von Kritik wird unterdrückt, Ziel des alltäglichen Drills, der erniedrigenden Schikane ist die totale physische und psychische Demütigung der Wehrpflichtigen. Das Militär erweist sich als Institution, dessen Ziel ein „Aufgeben der Persönlichkeit" (S. 25) ist. Ihr Ausbilder, der Unteroffizier Himmelstoß, ist der typische Vertreter dieses Systems. Im Berufsleben Briefträger, genießt

Obrigkeitsstaat erfordert kritiklose Untertanen → Drill und Schikane

3.4 Personenkonstellation und Charakteristiken

er das Gefühl, Macht ausüben zu können, und empfindet eine sadistische Freude daran, den Rekruten Qualen zuzufügen (S. 26). Eine kleine Episode während Bäumers Heimaturlaub macht deutlich, dass das Verhalten des Unteroffiziers symptomatisch für den wilhelminischen Staat ist: Bei einem Spaziergang versäumt er es, einen Major zu grüßen, von dem er deshalb zur Rede gestellt und gedemütigt wird (S. 146) – Bäumers Einsatz an der Front wird von diesem hochrangigen Offizier ins Lächerliche gezogen –, in dieser kleinen Szene spiegelt sich die Gleichgültigkeit eines Vertreters des im Kaiserreich außergewöhnlich einflussreichen Militärs gegenüber der Opferbereitschaft der jungen Generation wider. Lediglich Leutnant Bertinck, Kompanieführer, unterscheidet sich von den negativ gezeichneten Vertretern der Militärhierarchie. Er fühlt sich für jeden seiner Soldaten verantwortlich, leidet angesichts ihrer Not, ist verzweifelt beim Anblick seiner durch Tod und Verwundung dezimierten Einheit (S. 123) – er opfert sein Leben, um sie vor dem Untergang zu bewahren (S. 250 f.).

Enttäuschend für die jungen Leute sind ihre Erfahrungen mit den Militärärzten, die, statt ihr Leben in den Dienst der leidenden Soldaten zu stellen, nur ihre eigene berufliche Karriere vor Augen haben und deshalb auch nicht vor menschenverachtenden Experimenten zurückschrecken, wie jener Mediziner, der aus Forschungsgründen aberwitzige Operationen durchführt: „Er braucht Versuchskarnickel" (S. 234 – vgl. auch S. 217, 250 f.). Die Erfahrungen der Soldaten mit den negativ gezeichneten Repräsentanten des Staates erklären ihre Gleichgültigkeit gegenüber militärischem Schaugepränge. Der Besuch Kaiser Wilhelms I. an der Front wird lakonisch zusammengefasst: „Er verteilt Eiserne Kreuze und spricht diesen und jenen an. Dann ziehen wir ab." (S. 179) Die Kritik an den Mächtigen im Kaiserreich durchzieht den gesamten Roman, ist stellenweise sehr direkt, so z. B. wenn Bäumer im Zusammenhang mit

Remarques Kritik an Autoritäten im Kaiserreich (Ärzte, Lehrer, hochrangige Offiziere, Großindustrielle)

3.4 Personenkonstellation und Charakteristiken

der Krankheit seiner Mutter die Abhängigkeit der armen Leute von den einflussreichen Bevölkerungsgruppen anspricht (S. 178) oder das auf Profitmaximierung gerichtete Verhalten der Großindustriellen anprangert: „Die Fabrikbesitzer in Deutschland sind reiche Leute geworden – uns zerschrinnt die Ruhr die Därme." (S. 246) Der Erzähler und seine Kameraden fühlen sich von den Autoritäten irregeleitet und hintergangen; ihnen gegenüber erscheinen die sog. „kleinen Leute" als positiver Gegenpol (S. 16 f.).

Zwischen den Gymnasiasten und den „friesischen Fischern, Bauern, Arbeitern und Handwerkern" (S. 26) entwickelt sich ein tief verankertes Gefühl, das der Kameradschaft: „Das Wichtigste aber war, dass in uns ein festes, praktisches Zusammengehörigkeitsgefühl erwachte, das sich im Felde dann zum Besten steigerte, was der Krieg hervorbrachte: zur Kameradschaft" (S. 28 f.). Die Wendung „was der Krieg hervorbrachte" weist darauf hin, dass „Kameradschaft" nicht mit dem Begriff „Freundschaft" synonym ist. Kameradschaft ist das Ergebnis jahrelangen gemeinsamen Lebens während der Kriegszeit, was dazu geführt hat, dass man jede Scheu voreinander verliert, von Remarque anhand der gemeinsamen Latrinensitzung (S. 12 f.) und dem ehelichen Zusammensein Lewandowskis mit seiner Frau Marja unter den Augen der anderen (S. 235 f.) illustriert. Dieser besondere kameradschaftliche Geist verrät in seiner Intensität die Nähe zu dem Verhältnis Liebender zueinander: „So sitzen wir uns gegenüber, Kat und ich ... wir sind voll zarterer Rücksicht miteinander, als ich mir denke, dass Liebende es sein können." (S. 87) Das Zusammensein mit den Kameraden, insbesondere mit Kat, setzt in Bäumer tiefere Empfindungen frei als sein Liebesakt mit der Französin, der von ihm nicht nur als ein Akt sexueller Befriedigung verstanden wird, sondern als Möglichkeit, alles Grauen, alle Todesangst hinter sich zu lassen, abzuschütteln, sich aus den Niederungen des Lebens zu erheben, wiedergeboren zu werden

Kameradschaft der „kleinen Leute" als positiver Gegenpol

3.4 Personenkonstellation und Charakteristiken

Kameradschaft vermittelt Geborgenheit, Halt, Hoffnung und bedeutet Verantwortung und Toleranz

in neuer Unschuld, das Gefühl der inneren Verlorenheit zu überwinden: „Aber ich – ich bin verloren an ein Fernes ... Und um so tiefer presse ich mich in die Arme, die mich umfassen, vielleicht geschieht ein Wunder." (S. 134 f.)

Aber der Krieg lässt sich nicht vergessen, er ist allgegenwärtig, entwertet die tiefsten menschlichen Gefühle – was bleibt, ist ein bezahltes, in sich bedeutungsloses Liebesabenteuer. Was er in der Liebe nicht findet – Geborgenheit, Halt, Hoffnung – verschafft, besonders in den Momenten größter existenzieller Bedrohung, die Gewissheit, die Kameraden in der Nähe zu wissen: „Eine ungemeine Wärme durchflutet mich mit einemmal ... Ich möchte mein Gesicht in sie hineindrücken, in diese Stimmen, diese paar Worte, die mich gerettet haben und die mir beistehen werden." (S. 188)

Die Wortwahl ist fast identisch: „Und um so tiefer presse ich mich in die Arme" (S. 135) – „Ich möchte mein Gesicht in sie [die Stimmen] hineindrücken" (S. 188), aber im Falle der Episode mit der Französin bleibt das Gefühl der Enttäuschung, hier jedoch verheißt die Nähe der Kameraden Beistand, Rettung, Schutz, Überwindung des Gefühls der Vereinzelung, der Verlorenheit. Kameradschaft bedeutet nicht kumpelhaftes, schulterklopfendes Vertrautsein – nicht zufällig fühlt sich Bäumer durch die Anrede einer Rotkreuzschwester peinlich berührt: „Sie sagt zu mir ‚Kamerad', das hat mir gerade gefehlt." (S. 140) Kameradschaft, das ist Selbstaufopferung zum Wohle der anderen, nicht eine zur Schau getragene Attitüde: Kameradschaft heißt Verantwortung auch gegenüber dem Gegner, Verständnis, Toleranz – darin liegt der tiefere Sinn der Anrede des Franzosen Duval mit „camarade".

Remarque beschränkt die Bedeutung der Kameradschaft bewusst auf das Erleben an der Front: Sie bedeutet physische und psychische Hilfe für Menschen, die sich in fast aussichtsloser Lage

3.4 Personenkonstellation und Charakteristiken

am Rande des Abgrunds befinden: „Es ist eine große Brüderschaft
... auf gänzlich unpathetische Weise." (S. 240)

Trotz aller Enttäuschungen, die sie erleben, trotz der negativen Erfahrungen, die sie an der Front und auch in der Heimat machen, trotz der impliziten Kritik an dem politischen System und insbesondere an der militärischen Führung – Gedanken an eine gewaltsame Veränderung des bestehenden Gesellschaftssystems bleiben vage, werden für die Zeit nach dem Kriege als Eventualität nur einmal ins Auge gefasst, „unsere Köpfe werden klar sein ... – gegen wen, gegen wen?" (S. 127), beeinflussen jedoch nicht das Verhalten der Soldaten während der Fronteinsätze. Die Männer um Paul Bäumer tun ihre soldatische Pflicht, sie halten auch in hoffnungslosen Situationen aus. Todesverachtender Heroismus ist ihnen fremd, die alltägliche Angst ist ihr ständiger Begleiter. Sie halten durch angesichts überwältigender feindlicher Übermacht, sie besiegen ihre Angst. Was die dem Krieg ablehnend gegenüberstehenden Soldaten auszeichnet, ist ein unbändiger Überlebenswille, nicht Opferbereitschaft für Kaiser und Vaterland. Sie sind bereit, ihr Leben für die Kameraden einzusetzen und ihre Pflicht zu erfüllen, sie lassen sich jedoch nicht für nationalistische Tendenzen instrumentalisieren.

Trotz Kritik an militärischer Führung keine konkreten Ideen zur Gesellschaftsumgestaltung

In Stellungnahmen, Briefen und Interviews weist Remarque mehrfach darauf hin, worauf es ihm bei der Schilderung des Kriegsgeschehens wirklich ankommt: „Nichts andres als [den] Kampf des Lebens gegen die Bedrohung des Todes habe ich in meinem Buch schildern wollen."[33]

Remarque unterscheidet zwischen Dasein und Leben: Dasein ist die Existenz an der Front, Leben ist etwas Unnennbares, mit dem Verstande nicht zu erfassen: „Oft sitze ich vor mir selber wie vor

---

33 Scherp, *Der Gefangene seines Ruhmes. Remarque spricht über sich selbst*, in: Kölnische Zeitung, 26. November 1929

3.4 Personenkonstellation und Charakteristiken

einem Fremden, ... der ... sich angepaßt hat, selbst an diese Form." (S. 241) Der Tod des Protagonisten Paul Bäumer und seine letzten Gedanken sind Ausdruck seiner Überzeugung von der Existenz eines Lebensstromes, der unsere Wirklichkeit durchdringt, den wir intellektuell aber nicht zu erfassen vermögen, sondern der sich uns nur durch Hingabe an die uns umgebende Natur erschließt: „Das Leben, das mich durch diese Jahre trug, ... wird ... sich seinen Weg suchen, mag dieses, das in mir ‚Ich' sagt, wollen oder nicht." (S. 292) Bäumers intensive Naturbeschreibungen inmitten der Schilderung der Kriegsgräuel, sein Hymnus an die Erde: „Aus der Erde, aus der Luft aber strömen uns Abwehrkräfte zu, – am meisten von der Erde ... Erde – Erde – Erde –!" (S. 52) belegen, dass insbesondere die Erde für ihn eine Art Mythos ist – sie erscheint als Mutter Erde, Urquell allen Lebens: „Die Erde ist von Kräften durchflossen, die durch meine Fußsohlen in mich überströmen" (S. 35), sie ist sinngebende und bewahrende Kraft. Man gewinnt den Eindruck, dass Paul Bäumer im Tode zu ihr, zum wahren Leben gefunden hat, dass er die Leiden, die Gräuel, die sein Dasein bestimmten, über eine innige Vereinigung mit ihr hinter sich gelassen hat: „Er war vornübergesunken und lag wie schlafend an der Erde ... sein Gesicht hatte einen so gefaßten Ausdruck, als wäre er beinahe zufrieden damit, daß es so gekommen war." (S. 259) Paul Bäumer ist heimgekehrt zu dem Urgrund des Lebens – sein Tod hat nichts Tragisches, er ist nicht, wie Kemmerichs Sterben zu Beginn des Romans, sinnlos, sondern hat versöhnlichen Charakter. Dass Bäumer nicht in tiefer Verzweiflung stirbt, ist rein persönlichkeitsbezogen und darf nicht missverstanden werden als eine dem Krieg generell innewohnende Möglichkeit der Selbstfindung.

Krieg bedeutet für Remarque Vernichtung und Tod, er erfährt keine Überhöhung, keine die Evolution des Menschen begünstigende, auf seine innere Vervollkommnung hinwirkende Kraft ist ihm

Mutter Erde als Urquell allen Lebens und als sinngebende, bewahrende Kraft

keine Überhöhung des Krieges

3.4 Personenkonstellation und Charakteristiken

eigen. Der Krieg ist für Remarques Helden ohne jeden Sinn – er ist Ursache für tiefes Leid, er eröffnet Abgründe menschlichen Verhaltens: „Ich sehe ihre dunklen Gestalten ... die furchtbare Schwermut des Lebens und die Erbarmungslosigkeit der Menschen." (S. 172) Dieses hier sichtbar werdende Gefühl der Mitmenschlichkeit ist ein Beleg für einen Entwicklungsprozess, den Bäumer im Roman durchläuft. Wie jeder Soldat, der den Krieg innerlich ablehnt, muss auch er die besondere Situation, nämlich töten zu müssen und damit moralische Schuld auf sich zu laden, innerlich bewältigen. Der Krieg zerstört überlieferte Wertvorstellungen der Menschheit: „Jahrelang ist unser höchstes Ziel das, worauf sonst die Verachtung der Welt und ihre höchste Strafe ruht." (S. 172), der Krieg macht die Soldaten „zu Wegelagerern, zu Mördern, zu Teufeln" (S. 103). Die Schilderung einer Kampfszene zeigt, dass Paul Bäumer zunächst einer Antwort auszuweichen sucht:

Bäumer durchläuft seelischen Entwicklungsprozess

„Aus uns sind gefährliche Tiere geworden ... geduckt wie Katzen laufen wir, überschwemmt von dieser Welle, ... die unsere Kraft vervielfältigt in Angst und Wut und Lebensgier, die uns Rettung sucht und erkämpft." (S. 103)

Der Vergleich mit der Katze führt uns zum Kern der Überlegungen des Protagonisten: Ein Tier, das, dem reinen Selbsterhaltungstrieb folgend, tötet, ist nicht im moralischen Sinne schuldig. Die Soldaten handeln nicht bewusst-rational, ihr Kampf richtet sich nicht gegen ihresgleichen – „Wir schleudern die Granaten nicht gegen Menschen" (S. 103) – ihr Tötungsakt ist nicht gezielt auf die Vernichtung des Gegners gerichtet – dieser erscheint entpersonalisiert –, sondern ist Abwehr des sie bedrohenden, wie ein Untier daherstürmenden Todes. Das Handeln der Soldaten wird gesteuert durch den animalischen Trieb des Überlebenwollens, der der Not und der

Zunächst entpersonalisierter Tötungsakt

3.4 Personenkonstellation und Charakteristiken

eigenen Angst gehorcht – es fehlt ein personales Gegenüber, an dem der Einzelne schuldig werden könnte. Während des grausamen Kampfes hat Bäumer das für ihn entscheidende Erlebnis, auch wenn es zunächst noch durch das aktuelle Geschehen in den Hintergrund gedrängt wird: Aus der Masse der heranstürmenden feindlichen Soldaten richtet ein Franzose den Blick auf ihn, bannt ihn mit seinen Augen – ihm gegenüber steht in dieser Sekunde ein Mensch wie er selbst, der Feind ist nicht länger in der Anonymität der Angreifer verschwunden. Auch Bäumer ist nicht mehr in die Dynamik seiner Gruppe eingebunden, sondern steht plötzlich allein, verantwortlich für Leben oder Tod des Feindes: „Im Augenblick, als wir zurückgehen, heben sich vorn drei Gesichter vom Boden ... diese beiden Augen, die allein bewegungslos sind" (S. 102) – Bäumer ist wie gelähmt. Erst eine abrupte, als Bedrohung empfundene Geste seines Gegenübers lässt ihn reflexartig reagieren: „Meine Handgranate fliegt hinüber, hinein." (S. 102) Dieses Erlebnis erfährt seine vertiefende gedankliche Verarbeitung beim Anblick der russischen Kriegsgefangenen, die für Bäumer nicht wirklich Feinde sind – sie sind von den für den Krieg verantwortlichen Kräften zu Feinden erklärt worden: „Ein Befehl hat diese stillen Gestalten zu unsern Feinden gemacht ... ist es eine Aufgabe für das Leben nachher, würdig der Jahre des Grauens?" (S. 172 f.)

Bäumer sieht russische Kriegsgefangene nicht (mehr) als Feinde an

Bäumers erkennbares Ziel ist es, nach dem Krieg seine Kräfte in den Dienst der Völkerverständigung zu stellen und somit dem Sterben von Millionen nachträglich einen Sinn zu verleihen – diese in Frageform gekleidete Absicht: „Ist hier das Ziel ...?" (S. 172) macht deutlich, dass er sehr wohl realisiert, wie schwer es ist, über Jahrhunderte gewachsene Vorurteile gegenüber anderen Nationen zu überwinden und zu einem friedlichen Nebeneinander zu gelangen. Sein zufälliges Zusammentreffen mit dem französischen Soldaten

Bäumer betrachtet Völkerverständigung als Lebensziel nach Kriegsende

3.4 Personenkonstellation und Charakteristiken

Duval in einem Trichterloch steht aus unserer Sicht im Mittelpunkt des Romans, stellt es doch den Endpunkt einer Entwicklung Bäumers dar. Mit einigen Kameraden, zu denen er jedoch bald den Kontakt verliert, befindet er sich auf einer nächtlichen Patrouille. Er verbirgt sich in einem Trichterloch, wird von wahnsinniger Angst ergriffen und fühlt sich von allen Seiten belauert, bedroht. Plötzlich fällt ein Soldat zu ihm in den Trichter: „Ich denke nichts, ich fasse keinen Entschluß – ich stoße rasend [mit einem Dolch] zu und fühle nur, wie der Körper zuckt und dann weich wird und zusammensackt. Meine Hand ist klebrig und naß, als ich zu mir komme." (S. 192) Die Tötung des Gegners ist kein bewusster Akt, sie ist Resultat seiner Angst. Entsetzen ergreift ihn (S. 192 f.); er versucht, den schwer verletzten Franzosen zu vergessen, seinen Anblick zu vermeiden: „So krieche ich in die entfernteste Ecke ... Nur der eine Wunsch ist in mir, wegzukommen." (S. 192) Ein Entkommen aus dem Trichterloch ist unmöglich, so ist Bäumer auch existenziell auf sich selbst zurückgeworfen – Hilfe von außen gibt es nicht, Ausflüchte zählen nicht in dieser Situation. Er stellt sich seiner Verantwortung und bekennt sich zu seiner Schuld: „Es ist der erste Mensch, den ich mit meinen Händen getötet habe, den ich genau sehen kann, dessen Sterben mein Werk ist." (S. 196) Langsam nähert er sich dem Sterbenden, der für Bäumer aus seiner Anonymität herausgetreten und nicht länger „der Franzose" ist, den es zu bekämpfen gilt: „Ich will dir ja helfen, Kamerad, camarade, camarade, camarade –" (S. 195).

Wie schwer Bäumer der Weg zum Eingeständnis seiner Schuld ist, wird symbolisch durch die Beschreibung seiner Annäherung an den Franzosen dargestellt: „Der Mann ist nicht tot, er stirbt, aber er ist nicht tot ... Endlich bin ich neben ihm." (S. 194) Als dieser ihn direkt anschaut, kann er den Blick, aus dem panische Angst vor dem Sterben und vor dem Deutschen spricht, nicht ertragen, er bricht förmlich zusammen: „Da schlägt er die Augen auf ... ‚Nein, nein',

Erst durch Duval-Episode fühlt Bäumer sich schuldig am Tod eines anderen

Bäumer bezeichnet Franzose Duval als „camarade"

3.4 Personenkonstellation und Charakteristiken

flüstere ich." (S. 194) Nach dem Tode des Franzosen steht Bäumer wie unter einem inneren Zwang: Er muss dessen Namen erfahren, obwohl er weiß, dass damit aus dem bisher auf das Äußerliche beschränkten Kontakt nunmehr ein genaues Kennenlernen des bisherigen Gegners, seiner Familie, seines Berufes, all dessen, was das Leben dieses Mannes unverwechselbar macht, erwächst, was ihn in seiner Einmaligkeit erscheinen lässt: „Aber du warst mir vorher nur ein Gedanke ... – jetzt sehe ich deine Frau und dein Gesicht und das Gemeinsame. Vergib mir, Kamerad!" (S. 198). Für den Rest seines Lebens wird er mit der Schuld leben müssen – „Sein Name aber ist ein Nagel, der in mir eingeschlagen wird und nie mehr herauszubringen ist" (S. 199) –, die jeder Soldat zwangsläufig auf sich laden muss, denn der innere Widerspruch zwischen ethischen Normen und seinem „Auftrag" als Soldat im Kampfeinsatz, der den Tod des Gegners billigend in Kauf nimmt, ist unauflösbar. Die an den toten Franzosen gerichteten Worte sind auch als Versuch einer Sühne zu werten – im Kampf gegen den Krieg sieht Bäumer eine in die Zukunft weisende Aufgabe für sich: „Heute du, morgen ich. Aber wenn ich davonkomme, Kamerad, will ich kämpfen gegen dieses, das uns beide zerschlug ... Ich verspreche es dir, Kamerad. Es darf nie wieder geschehen." (S. 201)

Verdrängung der Duval-Episode im Soldatenalltag notwendig

Nachdem seine Kameraden ihn gefunden haben, verdrängt er das Erlebte ganz bewusst: „Krieg ist Krieg" (S. 204). Er weiß, dass er bei ständiger Reflexion über das Geschehen im Trichterloch überhaupt nicht mehr in der Lage wäre, seinen Alltag als Soldat zu bewältigen. Seelisches Empfinden, das, was den Menschen erst zum Menschen macht, muss ganz bewusst unterdrückt werden, man darf das Erlebte nicht an sich heranlassen: „Das Grauen läßt sich ertragen, solange man sich einfach duckt; – aber es tötet, wenn man darüber nachdenkt." (S. 125)

3.4 Personenkonstellation und Charakteristiken

Was Bäumer in seinem fiktiven Gespräch mit dem toten Franzosen als seine künftige Aufgabe anspricht, nämlich der Einsatz für die Völkerverständigung, wird nun allerdings durch seine im Roman mehrfach geäußerte Überzeugung relativiert, einer „Verlorenen Generation" anzugehören, ohne weitere Perspektive. Dieser scheinbare Widerspruch löst sich auf, wenn man bedenkt, dass das gegenwärtige Leiden der Soldaten jede optimistischere Einstellung zum Leben überlagern muss, so dass die Realisierung des von Bäumer ins Auge gefassten Engagements nicht ausgeschlossen werden darf. Diese Interpretation wird durch den Roman *Der Weg zurück* gestützt, der von Remarque selbst als Fortsetzung von *Im Westen nichts Neues* angesehen wurde (vgl. Kapitel 2.3 der Erläuterung).

Prägenden Einfluss auf Bäumer haben auch einige Erlebnisse während seines Heimaturlaubs. Sie bestätigen, dass das die Soldaten dominierende Gefühl des Ausgesetztseins, der Orientierungslosigkeit und der inneren Heimatlosigkeit gerechtfertigt ist. Für den Protagonisten ist dieser Heimaturlaub als der Versuch zu werten, sein Leben dort fortsetzen zu können, wo es durch den Krieg jäh abgeschnitten wurde – er lebt in der Illusion eines Neuanfangs, muss jedoch erkennen, dass der Bruch zwischen ihm und seinen alten Vorbildern, insbesondere seinen Lehrern, irreparabel ist (S. 148 f.). „Ich finde mich hier nicht mehr zurecht, es ist eine fremde Welt." (S. 151) Seine Haltung gegenüber der ihm in seiner Heimatstadt begegnenden kleinbürgerlichen Welt ist ambivalent: Zwar fühlt er sich angezogen von der eine gewisse Behaglichkeit ausstrahlenden, das Gefühl der Geborgenheit vermittelnden Atmosphäre, die den Krieg fast unwirklich erscheinen lässt, gleichzeitig erschreckt ihn der Gedanke an die Monotonie eines derartigen Daseins, an ein Leben in einem vorgegebenen, festen Rahmen, der keinen Raum lässt für die Entfaltung der eigenen schöpferischen Kräfte (S. 151).

Bäumers prägende Heimaturlaubserlebnisse: Orientierungslosigkeit, Fremdheit

3.4 Personenkonstellation und Charakteristiken

Der weitere Verlauf des Kapitels zeigt Bäumers Versuch der Rückkehr zu den Wurzeln seines bewusst gelebten Lebens, zu der Zeit vor seinem Kriegseintritt. Er möchte seine Jugendjahre mit ihren scheinbar grenzenlosen Möglichkeiten der eigenen Entfaltung wieder erwecken, in der Hoffnung, über die Anknüpfung an diesen Lebensabschnitt die Grundlage für die Meisterung seiner Nachkriegszukunft legen zu können. In seinem Zimmer sitzend, betrachtet er die von ihm gesammelten Postkarten, Zeichnungen und Bücher. Was ihm der alltägliche Kontakt mit seinen Mitmenschen in der Heimatstadt nicht hat geben können, nämlich die Überzeugung, dass ein wirklicher Neubeginn nach dem Kriege möglich ist, das erträumt er sich von der Welt des Geistes, der aus den Büchern sprechenden Lebensweisheit vieler Generationen – fast beschwörend klingen seine Worte: „Ich bitte sie [die Bücherrücken] mit meinen Augen ... – nehmt mich auf –" (S. 155). Das erhoffte Mysterium will sich nicht einstellen – Bäumer muss erkennen, dass die Erlebnisse des Krieges jede Begeisterungsfähigkeit verschüttet haben. Durch die Kriegsjahre hat er seine frühere Identität verloren, er ist orientierungslos geworden – eine Rückkehr in den ihm ehemals vertrauten Lebensraum ist nicht möglich. Der Versuch der Hinwendung zu den geistigen Werten ist nicht Ausdruck der Nostalgie, nicht wirklich auf Vergangenes gerichtet, sondern vorwärts gewandt: Anknüpfend an etwas, das ihn in der Vergangenheit im Ansatz beeinflusst hat, ist er darum bemüht, für sich ein neues Lebensziel zu entdecken, sich bewähren zu können. Seine zunächst beim Anblick der russischen Gefangenen und später während seines Zusammenseins mit dem von ihm getöteten Duval in Erwägung gezogene Tätigkeit für die Verständigung der Völker untereinander ist Beleg für seine Suche nach neuen, das Grauen des Krieges besiegende Herausforderungen.

3.4 Personenkonstellation und Charakteristiken

Bäumers Heimaturlaub schließt mit einem teils fiktiven Gespräch mit seiner von ihm zutiefst geliebten Mutter, die, obwohl sterbenskrank, nur an das Wohlergehen ihres Sohnes denkt: „Ach Mutter, Mutter! ... Lass uns aufstehen und fortgehen, zurück durch die Jahre, ... zurück zu dir und mir allein, Mutter!" (S. 164) Die Sehnsucht, der von ihm als bedrückend empfundenen Gegenwart zu entfliehen, das Gefühl des Verlassenseins zu überwinden, drückt sich in diesen Worten aus. Das mehrfach wiederholte, wie eine Klage wirkende „Ach Mutter, Mutter!" ist Beleg für seine Einsicht, dass dieser Traum unerfüllbar bleiben muss – die Zeit lässt sich nicht zurückdrehen und nicht anhalten, das unbeschwerte, Geborgenheit verheißende enge Mutter-Kind-Verhältnis der ersten Lebensjahre ist unwiederbringlich vorbei.

Bäumers Gespräch mit geliebter sterbenskranker Mutter

Die übrigen Figuren sind nicht sehr differenziert gezeichnet. Es sind nach der Definition E. M. Forsters „flat characters"[34], d. h. ihre Charakterisierung beschränkt sich auf ein oder zwei markante Züge, die der Erzähler im Verlaufe des Romans immer wieder unterstreicht. Der Einzelne tritt hinter die Schilderung des Geschehens, hinter die kriegerischen Abläufe zurück; was ihm widerfährt, erleben in vergleichbarer Form Millionen von Soldaten.

Neben Bäumer wenige differenziert gezeichnete Charaktere

Bäumers Klassenkamerad Leer wird als großer Frauenkenner vorgestellt, Albert Kropp als intelligenter junger Mann, „der von uns am klarsten denkt und deshalb erst Gefreiter ist" (S. 8), Tjaden ist der „größte Fresser der Kompanie" (S. 9), Haie Westhus, bärenstark, „[kann] bequem ein Kommißbrot in die Hand nehmen und fragen ...: Ratet mal, was ich in der Faust habe" (S. 9).

---

34 Forster, E. M.: *Aspects of the Novel*. London 1927, S. 38

3.4 Personenkonstellation und Charakteristiken

Facettenreiches Bild von Katczinsky

Sehr viel facettenreicher ist das Bild, das wir von Stanislaus Katczinsky erhalten. Für Bäumer und die Übrigen ist er nicht nur der zuverlässige Kriegskamerad – er ist ihr Mentor, innerlich gefestigt, im Leben gereift. Als der erfahrenste Soldat von allen genießt er innerhalb der Gruppe uneingeschränkte Autorität; sein Mitgefühl, seine Hilfsbereitschaft, seine Geradlinigkeit verleihen ihm eine ganz besondere Aura, so dass sein Verhalten das Denken seiner Kameraden entscheidend beeinflusst (S. 94). Er durchschaut die militärischen Strukturen und kann Verhaltensweisen von Vorgesetzten richtig einordnen (S. 43 f.), er erweist sich als guter Psychologe: „,Die [Särge] sind für uns', knurrt Detering. ‚Quatsch nicht!' fährt Kat ihn an." (S. 90) Die brüske Zurechtweisung Deterings belegt, dass Kat um die Wirkung derartiger Äußerungen auf die anderen weiß: Solche Sätze untergraben ihre Moral, geben ihnen ein Gefühl der Verlorenheit und vermindern somit ihre Überlebenschancen. Remarque hat diese Gestalt nicht heroisch überhöht, ihn nicht als heldenhaften Kämpfer dargestellt: Wie die anderen, so lehnt auch Katczinsky den Krieg ab: „Verdammter Lausekrieg" (S. 71) – er träumt von einem Wiedersehen mit seiner Familie.

3.5 Sachliche und sprachliche Erläuterungen

S. 11	Furage	(milit.) Truppenverpflegung
S. 14	Kommiß	(Soldatenspr.) Militär(dienst)
	Fesselballons	dienten zur Leitung des Artilleriefeuers
	Flakgeschosse	Flugzeugabwehrkanonengeschosse
S. 44	Muskot	einfacher Soldat
S. 50	Schanzen	Aufbau von Drahtverhauen vor den Schützengräben
S. 51/57	Kattun/Zunder	(Soldatenspr.) schwerer Beschuss
S. 78	Göttinger Hainbund	Göttinger Dichterbund, 1772 gegründet und 1775 aufgelöst
	Karl der Kühne	Herzog von Burgund (1433–1477)
	Lykurgus	sagenhafter Gesetzgeber des antiken Spartas, beschloss zwischen 650 v. Chr. und 550 v. Chr. die sog. lykurgischen Reformen
S. 102	spanischer Reiter	militärisches Hindernisgestell
S. 117	Schrapnells	Sprenggeschosse mit Kugelfüllung
S. 136	Druckpunkt nehmen	von einer günstigen Gelegenheit profitieren
S. 146	rapportieren	(milit.) Bericht erstatten
S. 157	Krätzchen	(Soldatenspr.) Feldmütze
S. 160	poussieren	flirten
S. 170 f.	Juchten	feines wasserdichtes Leder
	einen Ranken Brot	(ugs.) ein dickes Stück Brot

3.6 Stil und Sprache

ZUSAMMENFASSUNG

Stil und Sprache des Romans zielen auf eine erschütternde Darstellung der Sinnlosigkeit und Entsetzlichkeit des Krieges. Dazu vermitteln Ellipsen, Hyperbeln, Assonanzen und Alliterationen den Eindruck von schrecklichem Chaos, zynischer Vernichtung und unvorstellbarem Grauen. Parataxen und Asyndeta zeigen das instinktgesteuerte Verhalten der Soldaten bei Gefahr. Durch Parallelismen, Anaphern und Alliterationen wird die resignative Stimmung der Kameraden in den Gefechtspausen augenfällig. Die das Werk durchziehende Tiermetaphorik demonstriert, dass Humanität und Vernunft mit Kriegsführung unvereinbar ist. Als Ausdruck sprachlichen Überlebenswillens finden sich derber Humor, Sarkasmus, Euphemismen und ein nüchtern-distanzierter Sprachduktus. Der Ich-Erzähler bedient sich dabei einerseits derbdrastischer Soldatensprache, an anderer Stelle erscheint er als gebildeter und sensibler Naturbeobachter. Sind die ersten 10 Kapitel vor allem nüchtern-dokumentarisch geschrieben, so ist wirkt Sprache in Kapitel 11 und 12 eher lyrisch-pathetisch überhöht.

Remarque kritisiert Verantwortungslosigkeit, Rücksichtslosigkeit und Menschenverachtung der Verantwortlichen

Der Romantitel erinnert den Leser der zwanziger Jahre des 20. Jahrhunderts an die deutschen Heeresberichte, in denen das Geschehen an der Westfront mit dem lapidaren Satz: „Im Westen nichts Neues" kommentiert wurde. Wenn Remarque diesen Satz als Titel für einen Roman wählt, in dem das Leiden der Soldaten in grauenerregender Direktheit gezeigt wird, so kritisiert er damit die Verantwortungslosigkeit, die Rücksichtslosigkeit und die Menschen-

3.6 Stil und Sprache

verachtung der Verantwortlichen, die dieses Geschehen mit unglaublichem Zynismus als „nicht der Rede wert" verharmlosend darstellen. Die Wiederaufnahme dieser Formulierung am Ende des Romans (S. 288) verdeutlicht dem Leser die Gleichgültigkeit der Entscheidungsträger gegenüber dem Einzelschicksal.

Was Krieg tatsächlich ist, wie er sich im Alltag der Soldaten manifestiert und wie er sich auf die Psyche des Individuums auswirkt, wird von Remarque sprachlich beeindruckend in der Kampfszene des 4. Kapitels (S. 53 ff.) gestaltet. Das Geschehen ist eingebettet in eine friedlich wirkende Natur, die die marschierende Truppe zu umfangen, zu beschützen scheint: „Die Pferde haben glänzende Rücken im Mondschein, ihre Bewegungen sind schön, ... die Reiter mit ihren Stahlhelmen sehen aus wie Ritter einer vergangenen Zeit, es ist irgendwie schön und ergreifend" (S. 54) – der Hinweis auf „Ritter einer vergangenen Zeit" wirkt historisierend, entkleidet die Szene ihres Bezuges zu einem mit Massenvernichtungswaffen geführten Krieg.

Langsam verändert sich das Szenario: „Eine ungewisse, rötliche Helle steht am Horizont" (S. 55). Dieser Bedrohung suggerierende visuelle Eindruck wird durch sich nähernde akustische Wahrnehmungen verstärkt, einem „unsichtbare[n] Jagen, Heulen, Pfeifen und Zischen." (S. 55) Trotz allem befindet sich der Erzähler noch in der Rolle des Betrachters. Der Todeskampf der Pferde, dem er aus der Ferne beiwohnt, wühlt ihn innerlich auf, jedoch ist er selbst nicht existenziell bedroht und weiterhin fähig, einen in sich klar strukturierten Bericht zu verfassen – der hypotaktische Satzbau, der Einschub von Reflexionen schafft zwischen ihm und dem Geschehen eine nicht nur räumlich bedingte Distanz: „Die Leute kommen nicht an die verwundeten Tiere heran, ... wahrscheinlich ist der Rücken zerschmettert." (S. 60)

> Todeskampf der Pferde als Vorboten des drohenden Soldatentodes

3.6 Stil und Sprache

Die sterbenden Pferde erweisen sich als Vorboten des nunmehr den Soldaten selbst drohenden Todes. Geschickt schiebt Remarque den Beginn des feindlichen Angriffs hinaus und steigert damit die Spannung ins Unerträgliche: Die Rückkehr in die rückwärtigen Stellungen steht dicht bevor, die Wagen für die Heimfahrt warten bereits – die Frische des nahenden Morgens scheint die Bedrückung von den Soldaten zu nehmen (S. 60 f.), aber ihre aschfahl wirkenden Gesichter und die sich vor dem Morgenhimmel abzeichnenden Kreuze des vor ihnen liegenden Friedhofs deuten voraus auf den sie dort erwartenden Tod. Ihr schleppender Gang lässt den Leser an Todgeweihte denken, das die Schrittabfolge lautmalerisch wiedergebende Verb „tappen" (S. 61) weist auf die Unsicherheit der Soldaten und den auf ihnen lastenden Druck hin. Das zweimal verwendete „zu Hause" (S. 61) vermittelt ein kurzes Gefühl der Sicherheit, ebenso wie der Hinweis „wir kennen hier jeden Schritt Boden." (S. 61) Urplötzlich bricht das Verhängnis über sie herein. Statt vollständiger Sätze finden wir eine schnelle Aufeinanderfolge von Verben, die akustische Eindrücke wiedergeben und das Gefühl wachsender Bedrohung vermitteln: „In diesem Augenblick pfeift es hinter uns, schwillt, kracht, donnert." (S. 61) Reibe- und Verschlusslaute lassen den Leser den unvorstellbaren, ohrenbetäubenden Lärm direkt miterleben: „Das Dunkel wird wahnsinnig. Es wogt und tobt. Schwärzere Dunkelheiten als die Nacht rasen mit Riesenbuckeln auf uns los, über uns hinweg. Das Feuer der Explosionen überflackert den Friedhof." (S. 62) [Hervorhebungen nicht im Original.] Die Schlüsselwörter dieser Textpassage – dunkel, schwarz, Dunkelheit, Friedhof – vermitteln den Eindruck totaler Einsamkeit des Individuums angesichts des Todes. Die Hyperbel: „Schwärzere Dunkelheiten als die Nacht", gefolgt von dem Bild eines wie entfesselt wirkenden Raubtieres, einer Chimäre: „rasen mit Riesenbuckeln auf uns zu" erinnern an die vier apokalyptischen

Ellipsen mit schnell aufeinander folgenden Verben vermitteln Gefühl wachsender Bedrohung

3.6 Stil und Sprache

Reiter, die Krieg, Hunger, Pest und Tod bringen. Die Dunkelheit, personifiziert: „Das Dunkel wird wahnsinnig" (S. 62), treibt den Menschen zum Wahnsinn: Die Aussparung des vom korrekten Satzbau her erforderlichen „[macht uns] wahnsinnig" verdeutlicht, dass der Verstand des Menschen als Ort logischer Verknüpfung zwischen einem visuellen Eindruck und der Wirkung dieser Erscheinung auf uns ausgeschaltet ist – das Geschehen übersteigt alle Fassungskraft. Der Mensch ist keines klaren Gedankens mehr fähig, ist seines wahren Menschseins beraubt: „Wie hingespuckt klebt jeder gleich hinter einem Hügel." (S. 61) Die Assonanzen *wogt* – *tobt*, die Alliterationen in den Sätzen: „*Sch*wärzere *D*unkelheiten ... *r*asen mit *R*iesenbuckeln ... das *F*euer ... über*f*lackert den *F*riedhof" verstärken den Eindruck des Chaos, der totalen Vernichtung, der der Mensch nichts mehr entgegenzusetzen hat. Wie der Einzelne, so ist auch die vormals friedliche Natur der Zerstörung anheim gegeben: „Der Wald ... wird *zer*stampft, *zer*fetzt, *zer*rissen." (S. 62) [Hervorhebungen nicht im Original.] Das Präfix „zer" vermittelt die Grundbedeutung des Auseinanderreißens, Zerstörens – die drei Verben geben die unterschiedliche Intensität dieses Zerstörungswerkes wieder: Am Ende erinnert nichts mehr an die schöpferischen Kräfte der Natur. Mit dem Satz „Vor uns birst die Erde" (S. 62) verengt sich die Perspektive des Protagonisten.

    Der dann folgende parataktische Satzbau veranschaulicht die rasche Abfolge der Ereignisse in ihrer direkten Wirkung auf Paul Bäumer.

    Zunächst ist er noch in der Lage, das Geschehen um sich herum korrekt zu erfassen, gedanklich zu ordnen und vernunftgemäß zu reagieren. Das Satzbaumuster Subjekt – Prädikat – Objekt verrät in seiner Knappheit Bäumers zielgerichtetes Vorgehen: „Ich spüre einen Ruck ... Ich balle die Faust ... Ich fahre über den Arm." (S. 62) Die alles zerstörende Wucht des Angriffs hat auf den Erzähler in

Randnotizen:
- Hyperbeln, Assonanzen und Alliterationen verstärken den Eindruck des Chaos und der totalen Vernichtung
- Knappe Parataxen und Asyndeta vermitteln Bäumers instinktives, antrainiertes Verhalten bei Gefahr

3.6 Stil und Sprache

diesem Moment noch keine wirklich gravierenden, seine Psyche beeinflussenden Auswirkungen.

Das ändert sich schlagartig nach weiterem Beschuss: „Da knallt es gegen meinen Schädel, daß mir das Bewußtsein verschwimmt." (S. 62) Bäumer verliert in diesem Moment den Überblick, ist zu einer klaren Analyse der Situation nicht mehr in der Lage – er reagiert instinktiv, ohne sein Tun überhaupt noch überdenken zu können – zusammenhanglose Satzfetzen, die dichte Aufeinanderfolge von Verben verlagern das Geschehen auf die reine Handlungsebene und verleihen ihm eine ungeahnte Dramatik: „Mit einem Satze schnelle ich mich lang vor, ... armselige Deckung vor herabschlagenden Splittern." (S. 62 f.) Seine Hilflosigkeit, seine eingeschränkte Erkenntnisfähigkeit finden ihren sprachlichen Niederschlag in der mehrfachen Verwendung des unbestimmten Pronomens „es", erweitert durch „das Nachgebende", „etwas". Die uns vertraute Welt ist aus den Fugen geraten: Bäumer und seine Gruppe erleben auf dem Friedhof, nach unserer Vorstellung ein Ort des Friedens, den Krieg in seiner ganzen Grausamkeit. Dem Artilleriebeschuss folgt ein Gasangriff. Katcinskys Schrei: „Gas – Gaaas – Gaaas!" (S. 63) vermittelt dem Leser eine Vorstellung des Schreckens, der sich der Soldaten bemächtigt – dieser „Gegner", unsichtbar, ungreifbar, ist bedrohlicher als jeder direkte feindliche Angriff, dem man sich entgegenstellen kann. Die Gasschwaden ähneln einem unheimlichen Wesen, das sich unaufhaltsam alles Leben einverleibt (S. 64). Als sie die Gefahr bemerken, reagieren die beiden Freunde blitzschnell: „Ich reiße meine [Maske] auch heraus, der Helm fliegt beiseite, sie streift sich über mein Gesicht" (S. 63). Der Satzbau und die Wahl der Verben, die sich auf das Wesentliche beschränken, zeigen eine mechanische Abfolge antrainierter Verhaltensweisen. Die Fülle der Hauptsätze, asyndetisch aneinander gereiht, illustriert, dass jede gedankliche Abschweifung den sicheren Tod bedeuten würde – be-

3.6 Stil und Sprache

wusstes Handeln ist ausgeschaltet, Träger der Handlung ist nicht der Mensch, sondern „diese hellsichtige Witterung in uns, die uns niedergerissen und gerettet hat, ohne dass man weiß, wie." (S. 53) Die Verben „reißen", „schlagen", „beiseite fliegen", verstärkt durch die Wiederholung des „noch einmal – noch einmal", unterstreichen die Dramatik der Situation.

Die von Remarque verwendeten stilistischen Mittel betonen auch an anderen Stellen des Romans die ungeheure Gewalt einer alles zermalmenden Kriegsmaschinerie. Artillerieangriffe werden mit den Attacken eines rasenden Raubtieres verglichen, das den hilflos wartenden, die eigene Ohnmacht erfahrenden Soldaten anspringt und ihn zerschmettert: „Wir merken den dumpferen, rasenderen Schlag, der dem Prankenhieb eines fauchenden Raubtiers gleicht, wenn der Schuß im Graben sitzt." (S. 96) In der fast totalen Dunkelheit des Unterstandes wartet die eingeschlossene Einheit auf ihren Untergang: „Wir sitzen wie in unserm Grabe und warten nur darauf, daß wir zugeschüttet werden." (S. 100)

Stilmittel verstärken Eindrücke unvorstellbaren Grauens

In dem gesamten Roman finden wir keine Bilder, die Bewunderung vor der entfesselten Kraft der Waffen ausdrücken – was im Leser haften bleibt, sind Eindrücke unvorstellbaren Grauens, verstümmelte Gliedmaßen, zerfetzte Körper: „Ich sehe einen von ihnen in einen spanischen Reiter stürzen, ... die abgeschossenen Hände mit den Armstümpfen hängen im Draht." (S. 102)

Viele Beschreibungen machen förmlich den die Soldaten langsam erfassenden Wahnsinn fühlbar – vom Willen gesteuerte Kontrollmechanismen werden immer stärker zurückgedrängt, werden vom Ansturm der Gefühle hinweggefegt: „Es ist eine tödliche Spannung, die wie ein schartiges Messer unser Rückenmark entlang kratzt" (S. 101); „der Mund ist naß und sprüht Worte, halbverschluckte, sinnlose Worte." (S. 99)

3.6 Stil und Sprache

Wortwahl und Satzbau (Parallelismen, Anaphern, Alliterationen) verdeutlichen resignative Stimmung

Remarque gelingt es, durch Wortwahl und Satzbau die zwischen den verlustreichen Kämpfen sich der Soldaten bemächtigende resignative Stimmung zu verdeutlichen:

> „Monoton pendeln die Wagen, monoton sind die Rufe, monoton rinnt der Regen. Er rinnt auf unsere Köpfe und auf die Köpfe der Toten vorn, auf den Körper des kleinen Rekruten mit der Wunde, die viel zu groß für seine Hüfte ist, er rinnt auf das Grab Kemmerichs, er rinnt auf unsere Herzen." (S. 69)

Die mehrfache Wiederholung des Verbs „rinnen" evoziert das Bild des zerrinnenden Lebens, die Erwähnung des toten Kemmerich veranschaulicht, dass die Grenze zwischen Leben und Tod aufgehoben ist. Anaphern, paralleler Satzbau und Alliterationen (*R*ufe, *r*innt, *R*egen) verstärken das von diesem Textbeispiel ausgehende Gefühl der Trauer der Soldaten.

Tiermetaphern belegen Remarques These des Bedeutungsverlusts menschlicher Vernunft

Trotz aller Verzweiflung und Niedergeschlagenheit steht der Soldat nicht auf völlig verlorenem Posten angesichts der ihn bedrohenden Gefahren. Mehrfach verwendet Remarque Bilder, die die instinktive Rückkehr des Menschen in den lange überwunden geglaubten Urzustand, den des Tieres, beschreiben. Tiermetaphern durchziehen das Werk: Die Soldaten laufen „geduckt wie Katzen", „…huschen [fort]" (S. 103), werden zu „Menschentiere[n]" (S. 53). „Instinkt", „hellsichtige Witterung" (S. 53) und automatisch richtiges Funktionieren (S. 103) sind Schlüsselbegriffe im Roman und belegen Remarques These, dass das Primat menschlicher Vernunft im Wahnsinn des Krieges seine Bedeutung verloren hat.

Eine besondere Funktion im Kampf um das Überleben kommt dem Humor zu: „Wir haben Humor, weil wir sonst kaputt gehen. Die Kiste wird ohnehin nicht mehr allzulange halten, der Humor ist jeden Monat bitterer." (S. 126) Der Humor ist eine Möglichkeit,

3.6 Stil und Sprache

das alltägliche Grauen innerlich zu verarbeiten – mit einer Wendung wie „er [hat] den Arsch zugekniffen" (S. 126) hält man den Gedanken an den Tod des Kameraden und an das eigene, möglicherweise kurz bevorstehende Leiden und Sterben von sich fern. Mit derartigen Euphemismen verschleiert man die Wirklichkeit, versucht den Eindruck zu erwecken, man sei Herr der Lage. Sarkastische Bemerkungen ermöglichen es den Soldaten, der Bitternis Herr zu werden, die sie bei dem Gedanken an die hervorragende „Organisation" der Verantwortlichen vor einer Offensive und dem zu erwartenden Massensterben erfasst:

> „Auf dem Wege passieren wir ... eine doppelte, hohe Mauer von ganz neuen, hellen, unpolierten Särgen ... ‚Da ist ja gut vorgesorgt zur Offensive', sagt Müller erstaunt ... Auch die andern machen Witze, unbehagliche Witze, was sollen wir sonst tun." (S. 90)

Die gleiche Funktion wie dem Euphemismus kommt dem schnodderig-distanzierten Sprachduktus zu. Eine der grauenhaftesten Passagen stellt die Beschreibung der Wirkung einer Luftmine dar:

> „In den Ästen hängen Tote. Ein nackter Soldat hockt in einer Stammgabelung, er hat seinen Helm noch auf dem Kopf, sonst ist er unbekleidet. Nur eine Hälfte sitzt von ihm dort oben, ein Oberkörper, dem die Beine fehlen ... Kat sagt: ‚Es ist komisch, wir haben das nun schon ein paarmal gesehen. Wenn so eine Mine einwischt, wird man tatsächlich richtig aus dem Anzug gestoßen. Das macht der Luftdruck.'" (S. 184)

Der Anblick des grotesk entstellten Soldaten übersteigt menschliches Fassungsvermögen. Angesichts des eigentlich Unfassbaren

3.6 Stil und Sprache

Sprachliche Überlebensstrategien:
- derber Humor
- Sarkasmus
- Euphemismen
- nüchtern-distanzierter Sprachduktus

liest sich Kats Kommentar wie eine sachliche Instruktion – die Distanz schaffende Sprache bewahrt die Soldaten davor, den Verstand zu verlieren. Das Adjektiv „komisch" verfremdet die gesamte Szenerie, das Verb „einwichsen" bagatellisiert das Ereignis, der umgangssprachliche Terminus „aus dem Anzug stoßen" ist ein Euphemismus für das Geschehen, er lässt eher an eine harmlose Rauferei denn an einen grausamen Tod denken. Die Sprache ist Beleg für den Versuch, Leiden und Sterben nicht an sich herankommen zu lassen. Man hat es selbst ständig vor Augen, fügt es täglich dem Kriegsgegner zu, und mit dem Wissen um das eigene Tun und der Vergegenwärtigung dieser Schuld könnte niemand weiterleben. Diese den Leser schockierende Nüchternheit der Sprache durchzieht als ein wichtiges Stilelement den Roman; in der Art einer Gebrauchsanweisung arbeitet der Erzähler die waffentechnischen Vorzüge des Spatens heraus: „Wenn man schräg zwischen Schulter und Hals trifft, spaltet man leicht bis zur Brust durch." (S. 94) Solange man Geschehen noch versprachlichen, sich dazu äußern kann, beweist man, dass man es bis zu einem gewissen Grade innerlich noch verarbeitet, dass man ihm nicht hilflos ausgeliefert ist. Gegen Ende des Romans gewinnt man aufgrund des stellenweisen Fehlens jeder sprachlichen Gestaltung den Eindruck, dass der Erzähler vom Grauen des Krieges überwältigt worden ist: „Granaten, Gasschwaden und Tankflottillen – Zerstampfen, Zerfressen, Tod. Ruhr, Grippe, Typhus – Würgen, Verbrennen, Tod. Graben, Lazarett, Massengrab" (S. 249).

Der Erzähler Paul Bäumer nimmt in dem Roman eine doppelte Rolle ein: Als einfacher Soldat ist er Teil des militärischen Geschehens, als kommentierender Beobachter entfernt er sich von dem Soldatenalltag, er enthüllt persönliches Empfinden. Daraus ergeben sich im Hinblick auf die sprachliche Gestaltung zwei unterschiedliche Stilebenen: In den rein berichtenden, sich auf das Fronterle-

3.6 Stil und Sprache

ben beschränkenden Abschnitten bedient er sich einer der jeweiligen Situation angemessenen, in Bezug auf Lexik und Syntax leicht zugänglichen Sprache. Es ist die Ausdrucksweise des einfachen Frontsoldaten – direkt, drastisch, mit einer Vorliebe für anschauliche Vergleiche: „der Küchenbulle mit seinem roten Tomatenkopf" (S. 7), „du Mohrrübe" (S. 10), „Bulcke ... fett wie ein Winterhamster" (S. 11). Gängige, im Volksmund gebräuchliche Wendungen sowie der Landserjargon geben dem Text ein hohes Maß an Authentizität – die Front ist nicht der Ort für eine ausgefeilte literarische Sprache: „Donnerwetter, das nennt man Schwein haben" (S. 10), „es hätte bestimmt Kleinholz gegeben" (S. 11), „es gibt Kattun" (S. 51).

Bäumer ist aber nicht nur der einfache Landser. Während seiner Gymnasialzeit hat er die Literatur der deutschen Klassik kennen gelernt (S. 25), hat selbst Gedichte verfasst und sich an einem Drama versucht (S. 22). So nimmt es nicht wunder, dass der Roman stimmungsvolle, sehr gefühlsbetonte Abschnitte enthält, die sprachlich anspruchsvoll sind – sie signalisieren den Versuch des Erzählers, sich für Momente vom Grauen des Krieges und seinen Folgen zu befreien: „Nur wie ein sehr fernes Gewitter hören wir das gedämpfte Brummen der Front ... mitten im leuchtenden, roten Klatschmohn." (S. 14) Bäumer gibt sich hin an die ihn umgebende Natur, verschmilzt mit ihr. Er fühlt sich befreit von den Sorgen des Soldatendaseins – ziellos wandern seine Gedanken: „Der Wind ... spielt mit unsern Worten und Gedanken." (S. 14) Er findet mitten im Krieg für Momente die Ungebundenheit seiner Jugendjahre wieder – innerlich dem Alltag enthoben, öffnen sich seine Sinne für die Schönheit der Natur. Eine Symphonie von Farben und Tönen lässt Remarque vor uns entstehen – lautmalerische Effekte, Alliterationen, Assonanzen sind aufeinander genau abgestimmt. Die Verben „sich wiegen", „herantaumeln", „schweben" (vgl. S. 14)

Doppelfunktion des Ich-Erzählers:
1) Mitglied der Kompanie → drastische, einfache Sprache
2) reflektierender, gebildeter und sensibler Beobachter → literarisch ausgefeilte Sprache

3.6 Stil und Sprache

vermitteln ein Gefühl von Schwerelosigkeit – es ist ein gleichsam paradiesischer Moment, dessen Einzigartigkeit von den Soldaten umso stärker empfunden wird, als sie kurz vorher nur knapp dem Tode entronnen sind. Paul Bäumer hat sich ein hohes Maß an Sensibilität bewahrt. Immer dann, wenn Trauer und Enttäuschung ihn innerlich zu überwältigen drohen, spendet ihm das Erleben der Natur Trost, so auch während des Aufenthalts im Heidelager im Anschluss an seinen Heimaturlaub. Er fühlt sich dort einsam, das Los der dahinvegetierenden russischen Gefangenen berührt ihn zutiefst. Die von ihm mit viel Einfühlungsvermögen festgehaltene Schönheit der Heidelandschaft stellt den Kontrast dar zu einer ansonsten deprimierenden Welt: „Aber das schönste sind die Wälder mit ihren Birkenrändern ... – inzwischen stehen die Birken schon wie festliche Fahnen mit weißen Stangen vor dem rotgoldenen Geloder ihres sich färbenden Laubes." (S. 167 f.) Die von Bäumer intensiv erlebte Schönheit eines lichtdurchfluteten Waldes lässt ihn das traurige Barackenlager in der Heide vergessen. Seine Beschreibung erfasst nicht die Struktur des sichtbaren Gegenstandes, sondern gibt die sich ständig variierende Erscheinung der Dinge in flüchtigen Augenblicken wieder. Eine sich vor die Sonne schiebende Wolke verändert die Szenerie, lässt die Stämme leblos, fahl erscheinen, bis sie sich Sekunden später umso heller vor dem von der Sonne wieder beschienenen Herbstlaub abheben – die Intensität dieses Farbeindrucks wird durch die Assonanz verstärkt: „*r*otg*o*ldenes Gel*o*der" (S. 168).

Was der Krieg für einen gefühlsbetonten Menschen wie ihn bedeutet, wie tief gerade er in sein Leben eingreift, enthüllt eine Metapher, in der der Erzähler gewissermaßen einen Blick auf sich selbst wirft: „Zu gleicher Zeit sehe ich hinter ihm [Kat] Wälder und Sterne, und eine gute Stimme sagt Worte, die mir Ruhe geben, mir, ... [dem kleinen] Soldat[en] mit seinen großen Stiefeln und dem zugeschüt-

3.6 Stil und Sprache

ben beschränkenden Abschnitten bedient er sich einer der jeweiligen Situation angemessenen, in Bezug auf Lexik und Syntax leicht zugänglichen Sprache. Es ist die Ausdrucksweise des einfachen Frontsoldaten – direkt, drastisch, mit einer Vorliebe für anschauliche Vergleiche: „der Küchenbulle mit seinem roten Tomatenkopf" (S. 7), „du Mohrrübe" (S. 10), „Bulcke ... fett wie ein Winterhamster" (S. 11). Gängige, im Volksmund gebräuchliche Wendungen sowie der Landserjargon geben dem Text ein hohes Maß an Authentizität – die Front ist nicht der Ort für eine ausgefeilte literarische Sprache: „Donnerwetter, das nennt man Schwein haben" (S. 10), „es hätte bestimmt Kleinholz gegeben" (S. 11), „es gibt Kattun" (S. 51).

Bäumer ist aber nicht nur der einfache Landser. Während seiner Gymnasialzeit hat er die Literatur der deutschen Klassik kennen gelernt (S. 25), hat selbst Gedichte verfasst und sich an einem Drama versucht (S. 22). So nimmt es nicht wunder, dass der Roman stimmungsvolle, sehr gefühlsbetonte Abschnitte enthält, die sprachlich anspruchsvoll sind – sie signalisieren den Versuch des Erzählers, sich für Momente vom Grauen des Krieges und seinen Folgen zu befreien: „Nur wie ein sehr fernes Gewitter hören wir das gedämpfte Brummen der Front ... mitten im leuchtenden, roten Klatschmohn." (S. 14) Bäumer gibt sich hin an die ihn umgebende Natur, verschmilzt mit ihr. Er fühlt sich befreit von den Sorgen des Soldatendaseins – ziellos wandern seine Gedanken: „Der Wind ... spielt mit unsern Worten und Gedanken." (S. 14) Er findet mitten im Krieg für Momente die Ungebundenheit seiner Jugendjahre wieder – innerlich dem Alltag enthoben, öffnen sich seine Sinne für die Schönheit der Natur. Eine Symphonie von Farben und Tönen lässt Remarque vor uns entstehen – lautmalerische Effekte, Alliterationen, Assonanzen sind aufeinander genau abgestimmt. Die Verben „sich wiegen", „herantaumeln", „schweben" (vgl. S. 14)

Doppelfunktion des Ich-Erzählers:
1) Mitglied der Kompanie → drastische, einfache Sprache
2) reflektierender, gebildeter und sensibler Beobachter → literarisch ausgefeilte Sprache

3.6 Stil und Sprache

vermitteln ein Gefühl von Schwerelosigkeit – es ist ein gleichsam paradiesischer Moment, dessen Einzigartigkeit von den Soldaten umso stärker empfunden wird, als sie kurz vorher nur knapp dem Tode entronnen sind. Paul Bäumer hat sich ein hohes Maß an Sensibilität bewahrt. Immer dann, wenn Trauer und Enttäuschung ihn innerlich zu überwältigen drohen, spendet ihm das Erleben der Natur Trost, so auch während des Aufenthalts im Heidelager im Anschluss an seinen Heimaturlaub. Er fühlt sich dort einsam, das Los der dahinvegetierenden russischen Gefangenen berührt ihn zutiefst. Die von ihm mit viel Einfühlungsvermögen festgehaltene Schönheit der Heidelandschaft stellt den Kontrast dar zu einer ansonsten deprimierenden Welt: „Aber das schönste sind die Wälder mit ihren Birkenrändern ... – inzwischen stehen die Birken schon wie festliche Fahnen mit weißen Stangen vor dem rotgoldenen Geloder ihres sich färbenden Laubes." (S. 167 f.) Die von Bäumer intensiv erlebte Schönheit eines lichtdurchfluteten Waldes lässt ihn das traurige Barackenlager in der Heide vergessen. Seine Beschreibung erfasst nicht die Struktur des sichtbaren Gegenstandes, sondern gibt die sich ständig variierende Erscheinung der Dinge in flüchtigen Augenblicken wieder. Eine sich vor die Sonne schiebende Wolke verändert die Szenerie, lässt die Stämme leblos, fahl erscheinen, bis sie sich Sekunden später umso heller vor dem von der Sonne wieder beschienenen Herbstlaub abheben – die Intensität dieses Farbeindrucks wird durch die Assonanz verstärkt: „*r*otg*o*ldenes Gel*o*der" (S. 168).

Was der Krieg für einen gefühlsbetonten Menschen wie ihn bedeutet, wie tief gerade er in sein Leben eingreift, enthüllt eine Metapher, in der der Erzähler gewissermaßen einen Blick auf sich selbst wirft: „Zu gleicher Zeit sehe ich hinter ihm [Kat] Wälder und Sterne, und eine gute Stimme sagt Worte, die mir Ruhe geben, mir, ... [dem kleinen] Soldat[en] mit seinen großen Stiefeln und dem zugeschüt-

3.6 Stil und Sprache

teten Herzen" (S. 88). Dieser sehr emotional gestaltete Abschnitt zeigt durch die Antithese „kleiner Soldat – große Stiefel" Bäumers spezifische Situation in diesem Krieg: Ein unüberbrückbarer Kontrast besteht zwischen der Schutzbedürftigkeit eines innerlich noch unfertigen jungen Menschen und den von ihm im Krieg zu bewältigenden gigantischen Aufgaben. Das Bild von dem „zugeschütteten Herzen" gewährt uns Einblick in seine Befindlichkeit: Jeder Enthusiasmus, jede jugendliche Unbekümmertheit sind verschwunden. Trotzdem versinkt er nicht in Lethargie, verzweifelt nicht, er geht „den Weg …, der vor ihm liegt" (S. 88), ohne zu klagen, auch wenn er noch nicht weiß, wohin dieser Weg ihn führen wird – Halt gibt ihm die Nähe seines Kameraden Katczinsky.

Kontrast zwischen adoleszenter Schutzbedürftigkeit und soldatischen Anforderungen → Verlust jugendlicher Unbekümmertheit

Während für die Kapitel 1–10 ein nüchterner, dokumentarischer Erzählstil kennzeichnend ist, wirken die beiden letzten Kapitel entsprechend ihrem mehr reflektiven Charakter, sprachlich ausgefeilter:

> „Und oft sitze ich vor mir selber wie vor einem Fremden, wenn der rätselhafte Widerschein des Früher in stillen Stunden wie ein matter Spiegel die Umrisse meines jetzigen Daseins außer mich stellt, und ich wundere mich dann darüber, wie das unnennbare Aktive, das sich Leben nennt, sich angepaßt hat selbst an diese Form." (S. 241)

Der Satzbau ist komplex, das in den Kapiteln 1–10 vorherrschende Prinzip der parataktischen Reihung und des damit einhergehenden Spannungsaufbaus wird in dem angeführten Beispiel zugunsten einer oft schwer durchschaubaren Syntax aufgegeben. Die Verwendung eines Temporalsatzes, eines indirekten Fragesatzes, eines Relativsatzes, erweitert durch zwei Vergleiche: „… wie vor einem Fremden, … wie ein matter Spiegel" lassen ein wahres Satzunge-

Kap. 1–10: nüchtern-dokumentarischer Stil, viele Parataxen ↔ Kap. 11/12: schwer durchschaubare Syntax, viele Hypotaxen, pathetische Sprache

3.6 Stil und Sprache

tüm entstehen. Statt des prägnanten, die Realität genau erfassenden Wortes zeigt sich hier das Bemühen um eine pathetische Sprache, um Ausgefallenheit bei der Wortwahl – Ausdrücke wie der „rätselhafte Widerschein des Früher" und „das unnennbare Aktive" sollen ein Gefühl von Feierlichkeit im Stile des „genus sublime" vermitteln. Sprachlich überzeugend ist Remarque dort, wo er die militärische Situation beschreibt: Er lässt beeindruckende Bilder des allgemeinen Niedergangs und langsamen Verfalls der Soldaten vor uns entstehen:

> „... eine triefende, feuchte, ölige Masse Erde, in der die gelben Tümpel mit spiralig roten Blutlachen stehen und Tote, Verwundete und Überlebende langsam versinken." (S. 252)
> „Doch der Feldzug geht weiter – das Sterben geht weiter –" (S. 250)
> „Nicht! Nicht! Nicht jetzt noch! ... Sommer 1918 ... Warum?" (S. 251)

Der Parallelismus sowie die durch das Mittel der Anapher gedanklich zusammengehaltenen, streng symmetrisch angeordneten Abschnitte verleihen dieser Textpassage einen predigerhaften, zum Nachdenken zwingenden Charakter. Die beiden einleitenden Hauptsätze:

> „Doch der Feldzug geht weiter – das Sterben geht weiter –"

bilden eine Einheit, fassen die fundamentale Aussage des Romans zusammen: Krieg bedeutet Sterben. Der gesamte Abschnitt ist auf einen die Perspektive verengenden gedanklichen Höhepunkt hin konzipiert: den angsterfüllten Aufschrei jedes Einzelnen: „Nicht!

3.6 Stil und Sprache

Nicht! Nicht jetzt noch!" sowie auf die über allem stehende Frage: „Warum?"

Der Schluss des Romans: „Er fiel im Oktober 1918 ... als wäre er beinahe zufrieden damit, daß es so gekommen war" (S. 259) zeigt einen Wechsel der erzählerischen Perspektive – von der reinen Ich-Erzählung hin zur Er-Erzählung. Von einem „Olympian Point of view" vermittelt ein fingierter auktorialer Erzähler dem Leser eine Gesamtübersicht und gewährt ihm einen vertieften Einblick in die Person des Protagonisten, wobei der die Allwissenheit des Erzählers einschränkende Satz „als wäre er beinahe zufrieden damit" den Rezipienten zur Verifizierung dieser Aussage an dem im Verlauf des Romans von Paul Bäumer gewonnenen Bild zwingt.

Romanschluss: Erzähler informiert über Bäumers Tod

3.7 Interpretationsansätze

ZUSAMMENFASSUNG

Alfred Antkowiak (1965) bemängelt, dass die Helden der „lost generation" lediglich imstande seien zu reagieren und zu menschlicher und geistiger Entwicklungsunfähigkeit verdammt sind. Ähnlich argumentiert Wilhelm von Sternburg (1998), der konstatiert, dass Remarques fatalistischer Unterton aus der Enttäuschung um die Weimarer Republik resultiere und sein Buch keine revolutionär-aktivistische Perspektive biete. Hans Joachim Bernhard (1958) kritisiert die episodenhafte Ausgestaltung des Romans. Günter Blöcker (1980) behauptet, dass der „Schocker von einst" sich heute vergleichsweise harmlos lese.

Alfred Antkowiak (1965)

vergleicht Remarques Helden Paul Bäumer mit den Protagonisten der Romane von Francis Scott Fitzgerald (*This Side of Paradise – Jenseits des Paradieses,* 1920) und Ernest Hemingway (*A Farewell to Arms – In einem anderen Land,* 1929).

„Charakteristisch für diese Helden ist es, dass sie im Grunde nicht handeln, sondern dass ihnen etwas geschieht. Das liegt in der inneren Logik dieser Gestalten, denn naturgemäß setzt bewusstes Handeln ein Ziel voraus. Die Helden der ‚lost generation' reagieren aber lediglich auf Ereignisse und Gewalten; sie dokumentieren eine Art Heroismus des Zuständlichen. Das nackte Ausleben des Gegenwärtigen, ohne Perspektive, verurteilt sie aber zwangsläufig zu menschlicher und geistiger Unbeweglichkeit. In den Büchern der ‚traurigen' jungen Männer, mögen sie

3.7 Interpretationsansätze

im Detail noch so verschieden voneinander sein, gibt es nicht einen einzigen Charakter, der sich entwickelt. Sie gewinnen keine neuen Erkenntnisse oder frische Einsichten; bestenfalls nehmen sie bislang ungewohnte Eindrücke wahr. Und selbst ihre Taktik, mit der sie auf diese Eindrücke reagieren, bleibt im Grunde gleichförmig, eintönig, determiniert. Sie wiederholen sich sozusagen in jeder Situation selber. Ihr Dasein ist ein Zustand, aber keine lebendige Bewegung."[35]

Wilhelm von Sternburg (1998)
interpretiert den Roman vor dem Hintergrund seiner Entstehungszeit.

„Remarque schreibt seinen Roman 1927, also als allwissender Erzähler. Er kennt das Ergebnis des Krieges, weiß um die Debatten von 1918/19 und die Entwicklung der Republik, er hat mitangesehen, wie die wilhelminischen Eliten sich sehr rasch ihre alten Positionen im Staat zurückerobern konnten. Der fatalistische Unterton, die tiefe Resignation, die die Atmosphäre des Buches bestimmen, das ist ‚Spätweimaranisch'. Nur ganz gelegentlich blitzt in seinem Buch der Zorn darüber auf, dass dies alles geschehen konnte und das Leiden, der Massentod womöglich umsonst waren. Die, die das in dem Roman aussprechen, glauben selbst kaum daran, argumentieren ohne Hoffnung. Der Autor führt solche Gedanken auch nicht konkret weiter, weist nicht auf eine aktivistische Perspektive für die Zeit danach hin, schon gar nicht rufen seine Figuren zur Revolution gegen die Mächte auf, die die Verantwortung für den Krieg tragen."[36]

---

[35] Antkowiak, S. 126 f.
[36] V. Sternburg, S. 177

3.7 Interpretationsansätze

Hans Joachim Bernhard (1958)
bemängelt Remarques sich im Aufbau zeigende geringe künstlerische Gestaltungskraft.

„Der Fortgang des Handlungsgeschehens in *Im Westen nichts Neues* wird jedoch ausschließlich durch die Erlebnisse Bäumers bestimmt, die freilich nur so weit berichtet werden, als sie gemeinsame Erlebnisse einer Gruppe sind … Der Berichtscharakter von Remarques Kriegsdarstellung äußert sich deutlich im Fehlen einer epischen Fabel. Remarque berichtet Episoden aus dem Krieg. Diese Episoden sind zu einem Mosaik zusammengefügt, das als ganzes ein eindringliches Bild des Kriegserlebens einer Gruppe abgibt. Die Verbindungen dieser Episoden, die Übergänge des Geschehens, sind ohne jene zwingende innere Notwendigkeit, wie sie sich aus einer epischen Fabel ergeben würde. Episoden, wie der Lazarettbesuch, der Feuerüberfall auf den Friedhof und Mittelstaedts Rache an Kantorek, ließen sich in ihrer Reihenfolge vertauschen, ohne dass die ideelle Aussage des Werkes und seine ästhetische Wirkung sich ändern würden."[37]

Günter Blöcker (1980)
stellt in der *Frankfurter Allgemeinen Zeitung* die Frage nach der Wirkung des Buches auf den heutigen Leser.

„Ist es wirklich ein gutes Buch? Oder nur eines, das von seinem Stoff lebt oder allenfalls von dessen geschickter Zubereitung? Wenn man, nach ziemlich genau fünfzig Jahren, *Im Westen nichts Neues* wieder liest, stellt man mit Erstaunen fest, dass es ein in Anbetracht der Ungeheuerlichkeit des Gegenstandes eher stil-

---

37 Bernhard, S. 201 f.

3.7 Interpretationsansätze

les Buch ist. Wir haben eine solche Eskalation der Mittel erlebt – der literarischen ebenso wie der des täglichen Informationsangebots –, dass uns der Schocker von einst vergleichsweise harmlos erscheinen will. ... Paul Bäumer ... [ist ein] Hamlet in Knobelbechern, der sich unversehens mit einer aus den Fugen geratenen Welt konfrontiert findet. Zwar fühlt er nicht die Verpflichtung, sie wieder einzurenken, wohl aber die, sie ohne alle Beschönigung zu beschreiben."[38]

---

38 Blöcker, Günter, *Ein Hamlet in Knobelbechern*, in: Frankfurter Allgemeine Zeitung, 25. Januar 1980

4. REZEPTIONSGESCHICHTE

ZUSAMMENFASSUNG

Die Rezeptionsgeschichte mit ihrem Schwerpunkt auf weltanschaulich-politischer Analyse spiegelt die politische Situation in der Weimarer Republik. (Links-)liberale Kreise bewerteten den Roman zumeist als authentische Kriegsdarstellung, wobei das Werk vereinzelt auch als „Kriegspropaganda" gebrandmarkt wurde. Scharfe Ablehnung erfuhr *Im Westen nichts Neues* von politisch rechten und kommunistischen Rezensenten. Für die amerikanische Verfilmung (1930; Regie: Lewis Milestone) verhängte die NS-Regierung 1933 ein Aufführungsverbot.

Die Rezeptionsgeschichte des Romans vor der Machtergreifung der Nationalsozialisten und der damit einhergehenden Ächtung Remarques als Schriftsteller ist ein Spiegelbild der politischen Situation in der Weimarer Republik am Ende der zwanziger und zu Beginn der dreißiger Jahre. Die Rezensenten legen den Schwerpunkt ihrer Auseinandersetzung mit dem Werk vor allem auf die Analyse des weltanschaulichen und politischen Gehalts des Romans, weniger auf formal-ästhetische Gesichtspunkte.

Carl Zuckmayer (1929)

In den liberalen und linksliberalen Kreisen wird der Roman z. T. begeistert aufgenommen. **Carl Zuckmayer** weist in der *Berliner Illustrirten* [sic] *Zeitung* vom 31. 1. 1929 auf den pädagogischen Wert des Werkes hin und hebt als besonders positiv hervor, dass Remarque das seelische Empfinden der Personen in den Mittelpunkt seiner Darstellung rücke, uns vor Augen führe, „was in diesen Menschen vorging, was innen geschah, in den Minen und Sappen der Seele, im Blut, in den Fasern; – und darum ist es das erste Kriegsbuch, das Wahrheit gibt."[39]

Bruno Frank (1929)

Für **Bruno Frank** (*Das Tagebuch*, 1929) liegt die Bedeutung des Romans in der den Leser erschütternden Wirkung; ohne direkt anzuklagen, sei dieses Werk eine Anklage gegen eine „idiotische Politik", verantwortlich für das „ineinanderheulende Leid von hundert Millionen Menschen".[40]

Karl Hugo Sclutius (1929)

Wie Rezensenten trotz eindeutig kriegsfeindlicher Einstellung zu völlig unterschiedlichen Urteilen kommen – bedingt durch die Tatsache, dass sie nicht das Gesamtwerk kritisch hinterfragen, sondern gezielt ausgewählte Einzelszenen in den Mittelpunkt ihrer Betrachtung stellen –, sei an der Rezension von **Karl Hugo Sclutius** in *Die Weltbühne*, April 1929, verdeutlicht. Der provozierende Titel seiner Veröffentlichung, *Pazifistische Kriegspropaganda*, gibt einen Hinweis auf seinen Interpretationsansatz: Er kritisiert die aus seiner Sicht die das Werk prägende Romantisierung des Krieges und die dadurch entstandene anti-pazifistische Wirkung des Romans:

> „Nehmt ... das pantagruelische Fressen in dem verlassenen Proviantamt, den warmherzigen Alleskönner Katczinsky ... – nichts als erfüllte Wunschträume. Kriegspropaganda, Kriegspropaganda."[41]

---

[39] Zuckmayer, in: *Berliner Illustrirte Zeitung*, 31. Januar 1929
[40] Frank, in: *Das Tagebuch*, 19. 1. 1929
[41] Zitiert nach: Rüter, S. 155 f.

Dr. Hermann Heisler (1929)

Scharfe Ablehnung erfährt der Roman aus den Kreisen der politischen Rechten – stellvertretend für zahlreiche Kritiken aus diesem Lager (z. B. Nationalsozialistische Briefe 5, 1929, *Völkischer Beobachter* 14. 6. 1929) sei hier auf die noch relativ moderate Stellungnahme des **Dr. Hermann Heisler** eingegangen; in seiner Schrift *Krieg oder Frieden* sieht er Deutschland in einer schweren moralischen Krise, bedroht vom westlichen Kapitalismus und russischen Bolschewismus:

> „Die Möglichkeit einer freien Entfaltung ist uns zur Zeit überhaupt nur noch gegeben auf geistig-seelischem Gebiet. Legt man uns hier noch lahm, dann sind wir endgültig erledigt. Dann gehört deutsches Volkstum und deutsches Wesen bald der Geschichte der Vergangenheit an. Deshalb ist Remarques Buch gerade für uns so gefährlich. Es wirkt wie ein einschläferndes Rauschgift, das uns die letzten Willenskräfte raubt."[42]

Die Rote Fahne (1929)

Dem Kommunismus nahe stehende Kritiker beurteilen den Roman negativ. Die **Rote Fahne** bemängelt in ihrer Literatur-Rundschau vom 4. 3. 1929, dass Remarque auf „die wahren Ursachen des Krieges, die in den politisch-ökonomischen Voraussetzungen der bürgerlichen und kapitalistischen Gesellschaftsordnung liegen", nicht eingehe.

Lewis Milestones Verfilmung (1930)

Die **Verfilmung** des Romans unter der Regie von **Lewis Milestone** 1930 gilt mit Recht als ein Meisterwerk der Filmkunst. Der Film

---

42 Zitiert nach: Antkowiak, S. 115

folgt im Wesentlichen der Romanvorlage, ist jedoch vielfach noch beklemmender: Der Grabenkrieg wird in seiner ganzen Grausamkeit gezeigt, die im deutschen Maschinengewehrfeuer zusammenbrechenden französischen Angreifer führen dem Zuschauer die verheerende Wirkung moderner Waffentechnik vor Augen. Am 4.12.1930 findet in Berlin die Deutschlandpremiere des Films statt. Die zweite Vorführung am 6. 12. endet in tumultartigen Szenen, provoziert durch die Anhängerschaft des Berliner Gauleiters Goebbels. Die Regierung beugt sich dem Mob: Das Reichsministerium des Innern verhängt aus Furcht vor weiteren Unruhen ein Aufführungsverbot.

Plakat zum Film
(USA 1930)
© Cinetext/
Klaus Dill

5. MATERIALIEN

Gedenkblatt
Seite 1 (aus dem
Besitz des Autors)

In den Kämpfen für die Verteidigung des deutschen Vaterlandes hat auch ein teures Glied Ihrer Familie den Heldentod erlitten. Zum Gedächtnis des auf dem Felde der Ehre Gefallenen haben Seine Majestät der Kaiser und König in herzlicher Teilnahme an dem schweren Verlust und in Anerkennung der von dem Verewigten bewiesenen Pflichttreue bis zum Tode Ihnen das beifolgende

Gedenkblatt

verliehen, das als ein Erinnerungszeichen an die große Zeit und an den unauslöschlichen Dank des Vaterlandes in Ihrer Familie dauernd bewahrt werden möge.

Großes Hauptquartier, den 15. Dezember 1916.

Der Kriegsminister

[Unterschrift]

Gedenkblatt
Seite 2 (aus dem
Besitz des Autors)

Auszug aus: Ernst Jünger, In Stahlgewittern.
Stuttgart 1981, S. 256–260 [Erstausgabe 1920]

„Immer weiter rückte der Zeiger; wir zählten die letzten Minuten mit. Endlich stand er auf 5.05 Uhr. Der Orkan brach los. Ein flammender Vorhang fuhr hoch, von jähem, nie gehörtem Aufbrüllen gefolgt. Ein rasender Donner, der auch die schwersten Abschüsse in seinem Rollen verschlang, ließ die Erde erzittern. Das riesenhafte Vernichtungsgebrüll der unzähligen Geschütze hinter uns war so furchtbar, dass auch die größten der überstandenen Schlachten dagegen erschienen wie ein Kinderspiel. Was wir nicht gewagt hatten zu hoffen, geschah: Die feindliche Artillerie blieb stumm; sie war mit einem Riesenschlag zu Boden gestreckt. Wir hielten es im Stollen nicht länger aus. Auf Deckung stehend, bestaunten wir die über den englischen Gräben flammende turmhohe Feuerwand, die sich hinter wallenden blutroten Wolken verschleierte. ...

Ich blickte nach rechts und links. Die Völkerscheide bot ein seltsames Bild. In den Trichtern vor dem feindlichen Graben, der im Feuersturm wieder und wieder umgewühlt wurde, harrten in unübersehbarer Front, kompanieweise zusammengeklumpt, die Angriffsbataillone. Beim Anblick dieser aufgestauten Massen schien mir der Durchbruch gewiss. Ob aber auch die Kraft in uns steckte, die feindlichen Reserven zu zersplittern und vernichtend auseinanderzureißen? Ich erwartete es bestimmt. Der Endkampf, der letzte Anlauf schien gekommen. Hier wurde das Schicksal von Völkern zum Austrag gebracht, es ging um die Zukunft der Welt. Ich empfand die Bedeutung der Stunde, und ich glaube, dass jeder damals das Persönliche sich auflösen fühlte und dass die Furcht ihn verließ.

Die Stimmung war sonderbar, von höchster Spannung überhitzt. Offiziere standen aufrecht und wechselten erregte Scherzworte. Ich sah Solemacher inmitten seines kleinen Stabes, im Mantel wie ein Jäger, der an einem kalten Tage auf das Treiben wartet ... Wir winkten uns brüderlich zu. Oft ging eine schwere Mine zu kurz, warf einen kirchturmhohen Springquell hoch und überschüttete die Harrenden mit Erde, ohne dass einer auch nur den Kopf beugte. Der Schlachtendonner war so fürchterlich geworden, dass keiner mehr bei klarem Verstande war.

Drei Minuten vor dem Angriff winkte mir Vinke mit einer gefüllten Feldflasche. Ich tat einen tiefen Zug. Es war, als ob ich Wasser hinabstürzte. Nun fehlte noch die Offensivzigarre. Dreimal löschte der Luftdruck das Streichholz aus. Der große Augenblick war gekommen. Die Feuerwalze rollte auf die ersten Gräben zu. Wir traten an.

Der Zorn zog nun wie ein Gewitter auf. Tausende mussten schon gefallen sein. Das war zu spüren; obwohl das Feuer fortfuhr, schien es still zu werden, als verlöre es seine gebietende Kraft."

Auszug aus: Ernst Jünger, Der Kampf als inneres Erlebnis. Berlin 1926, S. 2 [Erstausgabe 1922]

„Der Krieg, aller Dinge Vater, ist auch der unsere; er hat uns gehämmert, gemeißelt und gehärtet zu dem, was wir sind. Und immer, solange des Lebens schwingendes Rad noch in uns kreist, wird dieser Krieg die Achse sein, um die es schwirrt. Er hat uns erzogen zum Kampf, und Kämpfer werden wir bleiben, solange wir sind. Wohl ist er gestorben, sind seine Schlachtfelder verlassen und verrufen wie Folterkammer und Galgenberg, doch sein Geist ist in seine Fronknechte gezogen und lässt sie nie aus seinem Dienst. Und ist er in uns, so ist er überall, denn wir formen die Welt, nicht anders, Anschauende im schöpferischen Sinne. Seht ihr nicht, wie seine Flamme aus den Augen jedes einzelnen glüht? Manchmal wohl schläft er, doch wenn die Erde bebt, entspritzt er kochend allen Vulkanen."

Mut (ebd., S. 50/51)

„Immer wieder im flutenden Angriffswirbel riesiger Schlachten erstaunte man über die Steigerung der Kräfte, deren der Mensch fähig ist. In den Minuten vorm Sturm, wo einem seltsam veränderten Bewusstsein das Äußere schon im Rausch zerfloss, überglitt der Blick noch einmal die Reihe der in graue Gräben geduckten Gestalten. Da war der Knabe, der wieder und wieder am Sturmgepäck nestelte, der Mann, der stumpf gegen die lehmigen Mauern stierte, der Landsknecht, der seine letzte Zigarette verrauchte. Vor ihnen allen bäumte sich der Tod gierig auf. Sie standen vorm letzten und mussten in der kurzen Zeit noch einen Abschluss finden. Noch einmal drängte sich Allereigenstes in ihnen zusammen, noch einmal rollte die bunte Welt in sausendem Film durchs Hirn. Aber es hatte etwas Erhabenes, dass, wenn der Pfiff zum Angriff schrillte, kaum einer zurückblieb. Überwinder waren es, die sich über den Grabenrand schwangen, daher auch die gleichmäßige Ruhe, mit der sie durchs Feuer schritten.

Dann kam, nur den Rassigsten vergönnt, der Rausch vor der eigenen Kühnheit. Es gibt nichts Tathafteres als den Sturmlauf auf Feldern, über denen des Todes Mantel flattert, den Gegner als Ziel. Das ist Leben im Katarakt. Da gibt es keine Kompromisse; es geht ums Ganze. Das Höchste ist Einsatz, fällt Schwarz, ist alles verloren. Und doch ist es kein Spiel mehr, ein Spiel kann wiederholt werden, hier ist beim Fehlwurf unwiderruflich alles vorbei. Das gerade ist das Gewaltige.

So taumelten die Krieger im Rausche der Schlacht dahin, Pfeile im Nebel vom Bogen geschnellt, Tänzer im Ungewissen. Doch hing über diesen klirrenden Schleiern, so oft im Feuer zerrissen, weit mehr als der Rausch der Sekunde. Der Mut ist dem Tanze vergleichbar. Die Person des Tänzers ist Form, ist Nebensache, wichtig allein, was unterm Schleier seiner Bewegung sich hebt und senkt. So ist auch Mut ein Ausdruck tiefsten Bewusstseins, dass der Mensch ewige, unzerstörbare Werte umschließt. Wie könnte sonst auch nur ein einziger bewusst dem Tode entgegenschreiten?"

Auszug aus: Franz Schauwecker, Aufbruch der Nation. Berlin 1929, S. 242–243 [Erstausgabe 1929]

„Und da vernahm er die Stimme des Leutnants – jawohl – oder war es nicht die seine – war es vielleicht die ähnliche Stimme seines Bruders von irgendwoher, die da knirschte und ächzte aus der Erde: ‚Lasst mich! Lasst mich! Schießt! Nachher! Schießt! Ich hab' Zeit! Schießt!'

Mit seinen geblendeten Augen sah Albrecht den Leutnant liegen, ohne den rechten Arm, mit einer purpurn geöffneten Seite darunter, einer leuchtend strömenden Wunde bis auf die Hüfte, über die ein Vorhang von Blut geklatscht war, ein flammender Schwall von Blut, das aus seinem Leibe herausrann wie aus einem Kübel. ...

Was konnte er denn tun?! Was denn! Inmitten dieser Schwärme von Lärm – was sollte er denn tun als dem durchdringenden Zwang dieser düsteren Stimme folgen, die zu ihnen aufstöhnte aus der Erde: ‚Schießt! Lasst mich! Schießt!'

Er schrie über dem zerrissenen Körper des Leutnants, während diese durchbohrende Stimme ihn unwiderstehlich erfüllte: ‚Schießt!' Wie ein Rasender begann er die Handgranaten zu werfen, die er noch am Koppel trug. Eiskalt im Stachel dieser verzischenden Stimme, riß er die Zündschnur ab, vernahm das tödliche Sprühen der Funken, hellhörig wie ein Entrückter, und warf mit einer brausenden Verzückung am Wurf und am Ruck, der alle Gelenke durchzuckte, mit einer zerreißenden Befreiung seines ganzen Körpers, der sich losließ und alles von sich schleuderte: da liegt er, aufgerissen und verstümmelt, unrettbar zerfetzt, mit Bächen von Blut – ach Gott ... und das ist das Letzte, das hier, die knirschende Stimme mit Lallen und Unerbittlichkeit gegen sich selber und gegen alle: ‚Schießt! Lasst mich! Schießt!'

Er ertrug es nicht mehr, es zersprengte ihn fast wie eine Granate, die da innerlich von selber aufsprang an der Stelle des Herzens: Sieh her! Hörst du! Er bettelt nicht um sein Leben, er denkt nicht an sich! Nein, nein! Er röchelt es heraus mit seinem letzten Atem: ‚Schießt! Lasst mich!' Ja, bei Gott, er war da unter ihm, an seinen Stiefeln, sterbend – er war wie einer von den Männern, die aus den Legenden kamen, den Marschrhythmus Preußens in ihren Schritten, den Glanz des Vaterlandes in ihren unsterblichen Augen, die sie hinrissen, dass sie sich selbst hineinwerfen in die Schlachten, ohne zu fragen, ohne zu zaudern, sie, die ihnen folgten. Ja, bei Gott, sie standen unter einem höheren Befehl, unter einem schrecklichen und herrlichen Zwang, der sie hochriss im Tode, mit glänzenden Augen, weitoffen, schnurstracks in den Himmel hinein, empor zu den Göttern.

Der Leutnant lag still und starrte in die Wolken."

Auszug aus: Edlef Köppen, Heeresbericht.
Kronsberg/Taunus 1976, S. 293–296 [Erstausgabe 1930]

„Der Feind trommelt.

7,5 Zentimeter-Granaten, 15 Zentimeter-Granaten, 30,5 Zentimeter-Granaten.

Zuweilen werden die beiden Körper der Menschen im Loch mit hartem Schlag gegen die Wand geschleudert. Der Erdboden hat sich gewaltsam gehoben, bäumt sich unter einem Stoß. Der Stoß

teilt sich den Menschen mit. Die Schulter kracht gegen den Lehm, der Stahlhelm.
    Der Feind trommelt.
Reisiger schießt vorneüber, sein Gesicht haut hart gegen die Kante von Winkelmanns Stahlhelm. Sein Zahnfleisch blutet. Er spuckt aus, richtet sich wieder hoch. ...
    Der Feind trommelt.
Es beginnt zu regnen. Der Regen ist dicht wie Nebel. Die beiden nehmen ihre Zigaretten in die Höhlung zwischen beide Hände, dass sie nicht feucht werden. ...
    Der Feind trommelt.
Der Regen wird dichter. Nicht mehr Nebel; dicke Fäden; es prasselt auf die Stahlhelme. Sie rücken näher aneinander. Reisigers Knie unter Winkelmanns Kinn, Winkelmanns Knie gegen Reisigers Brust. Der Regen ist ein Bach, gießt am Stahlhelm entlang, übergießt die gekrümmten Rücken, saugt sich zwischen den Kragenrand, schüttet in die Stiefel.
    Der Feind trommelt.
Der Lehmboden ist widerlich wie Kunsthonig. Die Menschen im Loch können keine normale Bewegung mehr ausführen, alle Glieder rutschen auf glibbriger Sauce hin und her. Es ist fast nicht mehr möglich, zu sitzen. Schon eine Kopfbewegung genügt, um den Körper aus dem Gleichgewicht zu bringen, sie stemmen sich mit beiden Händen auf den Grund, um sich zu stützen.
    Der Feind trommelt.
Der Regen gießt.
Das Wasser im Loch steigt langsam. ...
Seit sieben Stunden trommelt der Feind.
Die 7,5 Zentimeter-Granate schleudert 508 Splitter umher, die 15 Zentimeter-Granate 2030, die 30,5 Zentimeter-Granate 8110. Eindringungstiefen in Erde 1,80 Meter, 4,10 Meter, 8,80 Meter. ...

Der Feind trommelt.
Müde?
Entsetzlich müde. Es wäre schon das beste, den Kopf noch 10 Zentimeter tiefer hängen zu lassen, dass die Schnauze in der dicken Brühe steckt. Dann könnte man schlafen.
Aber dazu ist es zu kalt.
Sie sitzen fast bis an die Schultern im Wasser.
Der Feind trommelt.
Sie wissen, dass es keine Rettung mehr gibt. Es sei denn: Der Regen hört auf oder der Feind beruhigt sich."

Auszug aus: Leonard Frank, Der Mensch ist gut.
Wien 1929, S. 59–60 [Erstausgabe 1918]

„Die tödlich bedrohte Liebe, die dem Untergange nahe Menschlichkeit, die den Kellner gewählt, ihn aus dem mörderischen Wahnsinn dieses Zeitalters herausgehoben und ihm das Wort auf die Lippen gegeben hatte, erleuchtete ihn, so dass die ewige Seele, für alle sichtbar, ihm in die weitgeöffneten Augen trat: »Von dieser Sekunde an soll alle Arbeit ruhen. Denn alle Arbeit würde noch im Dienste dieses Zeitalters des organisierten Mordes stehen. Das Zeitalter des Egoismus und des Geldes, der organisierten Gewalt und der Lüge hat in dieser weißen Sekunde, hat in uns eben sein Ende erreicht. Zwischen zwei Zeitalter schiebt sich eine Pause ein. Alles ruht. Die Zeit steht. Und wir wollen über die Erde, durch die Städte, durch die Straßen gehen und im Geiste des kommenden neuen Zeitalters, des Zeitalters der Liebe, das eben begonnen hat, jedem sagen: ‚Wir sind Brüder. Der Mensch ist gut.' Das sei unser einziges Handeln in der Pause zwischen den Zeitaltern. Wir wollen mit solch überzeugender Kraft des Glaubens sagen: ‚Der Mensch ist gut', dass auch der von uns Angesprochene das tief in ihm verschüttete Gefühl ‚der Mensch ist gut', unter hellen Schauern empfindet und uns bittet: ‚Mein Haus ist dein Haus, mein Brot ist dein Brot.' Eine Welle der Liebe wird die Herzen der Menschen öffnen im Angesicht der ungeheuerlichsten Menschheitsschändung.

Und wenn der Zehnmillionenmord, den jeder einzelne von uns mitverschuldet hat, Martyrium von uns verlangt, wenn die Menschheitsfeinde Gewalt gegen uns anrollen lassen, so wollen wir uns sagen: ‚Wir haben erschlagen, gelitten, geblutet, gearbeitet für falsche, lügenhafte Ideale, sind schuldig, sind Mörder geworden; wir wollen uns entsündigen, wollen den gegen uns gehetzten Brüdern, dem Heere der Gewalt, uns als stilles, unüberwindlich starkes Heer des Geistes und der Verbrüderung entgegenstellen, bereit zum Leiden für das ewig unverrückbare Ideal der Menschheit: für die Liebe.' Und unsere Brüder werden, bezwungen von unserem Glauben an das Gute im Menschen, in ihren Augen plötzlich die Frage tragen, die zugleich die Antwort ist: der Mensch ist gut.

Der Mensch ist gut. Er ist gut. Geht hin, jeder durch seine Straße, in die Häuser, läutet, klopft an. Und verkündet den Satz des neuen Zeitalters: ‚Der Mensch ist gut.' ... Es stehen die Transmissionen! Es stehen die Maschinen! Die Arbeit ruhe! Die Zeit steht. Feurige Gesänge der Liebe durchfliegen die Städte, öffnen die Herzen, die Tore der Paläste, die Magazine. Und Menschenarme, die dem Morde dienten, umfangen jetzt den Bruder ... Und wenn wir dann in diesem Geiste wieder zu arbeiten beginnen, wird unsere Arbeit nicht mehr Mord sein, sondern Geschenk für den Bruder, und seine Arbeit Geschenk für uns ... Jetzt ruhe die Arbeit. Die Zeit steht. Die Pause zwischen zwei Zeitaltern ist da.«"

6. PRÜFUNGSAUFGABEN MIT MUSTERLÖSUNGEN

Unter www.königserläuterungen.de/download finden Sie im Internet zwei weitere Aufgaben mit Musterlösungen.

Die Zahl der Sternchen bezeichnet das Anforderungsniveau der jeweiligen Aufgabe.

Aufgabe 1 *

> **9. Klasse**
> Verfassen Sie einen Brief Bäumers an seine Frontkameraden, in dem er den Heimaturlaub bei seiner Familie (vgl. S. 138-157 und 162-169) beschreibt und analysiert.

Mögliche Lösung in knapper Fassung:

Während Bäumer es anfangs kaum erwarten kann, von der Front wegzukommen (vgl. S. 138), bringen ihn desillusionierende Entfremdungserlebnisse während seines Heimaturlaubs zu dem Schluss, er hätte nie wegfahren dürfen (vgl. S. 169). Sein Sinneswandel resultiert aus folgenden Erlebnissen, die in einem Brief aus der Ich-Perspektive in eigenen Worten geschildert werden sollten:

→ Klage angesichts der ihn bedrängenden Kindheits- und Jugenderinnerungen, sich alt, resigniert und verbraucht (vgl. S. 142) zu fühlen.

→ Bericht über seine todkranke, zärtlich um ihn besorgte Mutter, gegenüber der er aus Rücksichtnahme die belastenden Kriegserfahrungen (vgl. S. 143 f.) verschweigt.

→ Bericht über seinen Vater, der mit dem „Kriegshelden" angeben möchte, worauf Bäumer sich weigert, zuhause weiterhin

seine Uniform zu tragen, zumal er von einem Major auf der Straße wegen unvorschriftsmäßigen Verhaltens gemaßregelt und gedemütigt wurde (vgl. S. 147).
→ Ausweichen bei Fragen seines Vaters und seines ehemaligen Deutschlehrers nach Nahkampferlebnissen und dem „Kampfgeist" an der Front (S. 150 f.).
→ Klage, dass ihm das Gerede der älteren Generation und „Stammtischstrategen" unerträglich geworden ist und er sich zuhause fremd und unverstanden fühlt. Er will keine Kriegsgräuelgeschichten erzählen.
→ Beschreibung seines innerlichen Rückzugs: Er ist am liebsten allein und freut sich auf seine Kameraden (vgl. S. 152 f.), die ihn verstehen, weil sie sein Schicksal teilen.
→ Schilderung seines lange hinausgezögerten Besuchs bei Kemmerichs Mutter, der er die Nachricht vom Tod ihres Sohnes überbringt und sie aus Mitleid belügt, dass dieser sofort tot war (vgl. S. 164 f.).
→ Beschreibung des ihm schwer fallenden Abschieds von der Familie, vor allem von seiner todkranken Mutter.
→ Evtl. Geständnis, er möchte wieder Kind sein und Schwäche/ Angst/Trauer zeigen dürfen, wobei er sich jedoch nach außen hin aber tapfer und gefasst (vgl. S. 166) gibt.

Aufgabe 2 *

9./10. Klasse
Charakterisieren Sie Stanislaus Katczinsky aus der Sicht seines Freundes Paul Bäumer.

Mögliche Lösung in knapper Fassung:
Folgende inhaltliche Aspekte sollten in einer angemessenen Darstellung (Präsens) enthalten sein:
→ Der vierzigjährige Stanislaus Katczinsky, verheiratet und Vater eines Sohnes, ist das „Haupt unserer Gruppe" (S. 8). Er vermittelt vor allem den jungen, kriegsunerfahrenen Gymnasiasten überlebensnotwendiges Wissen und kriegerisch-strategische Fertigkeiten und Kniffe.
→ Außerdem dient Katczinsky/„Kat" ihnen als Vaterersatz und moralisch-emotionale Stütze.
→ Immer wieder sucht Bäumer Kats Nähe, dessen Organisationstalent und seine Fähigkeit, jeder Notlage Herr zu werden, z. B. in der komisch-sentimentalen Gans-Episode (S. 84 f.) unter Beweis gestellt werden.
→ Beim gemeinsamen Zubereiten und Verzehren der Gans fühlt Bäumer sich ihm „so nahe, daß wir nicht darüber sprechen mögen" (S. 87). Diese verlässliche Kameradschaft und der Zusammenhalt dieser Schicksalsgemeinschaft ist im Laufe diverser Kriegsepisoden gefestigt worden.
→ Kats Verletzung und sein für Bäumer besonders schmerzlicher Tod werden aus naher Erzählerperspektive und in fesselnder Dramaturgie ausgestaltet. Das letzte Zusammensein der beiden stellt für den Ich-Erzähler ein Schlüsselerlebnis seines Soldatenlebens dar: Nachdem Bäumer den vermeintlich geretteten, nur leicht verletzten Kat dem Sanitäter übergeben hat, stirbt Kat

unerwartet – für Bäumer unbegreiflich und kaum zu ertragen (S. 258 f.).
→ Kats Tod verstärkt die Schwermut und Resignation bei Paul Bäumer. Er hat nun nichts mehr, keine Freunde, keine Hoffnung, keine Ideale, keine Zukunft.
→ So erscheint der in der auktorialen Erzählperspektive berichtete Tod von Bäumer als Erlösung von einer grauenerfüllten, perspektivlosen und verlogenen Welt.

Aufgabe 3 **

Gymnasiale Oberstufe
Analysieren Sie das erste Kapitel im Hinblick auf seine expositorische Funktion für den gesamten Roman.

Mögliche Lösung in knapper Fassung:
Folgende inhaltliche Aspekte sollten in einer angemessenen Darstellung (Präsens) enthalten sein:
→ Alle im Roman dargestellten Themenbereiche werden bereits im ersten Kapitel expositorisch angedeutet.
→ Während die ersten Romansätze („Wir … sind satt und zufrieden.", S. 7) – insbesondere angesichts des düsteren Prologs – überraschend positiv klingen, zeigt sich bald die bittere Ironie bei der ungewöhnlich guten Verpflegungssituation: Die Kompanie hat an diesem Tag fast die Hälfte an Verlusten zu beklagen, was ein Überlebender lakonisch kommentiert mit „Das hätte schief gehen können –" (S. 14 f.). Damit deutet sich das beherrschende Thema des Romans, das sinnlose Leiden und Sterben bei Fronteinsätzen im Ersten Weltkrieg, bereits an, was am Schluss des Kapitels durch den Lazarettbesuch ihres Kameraden Franz Kemmerich drastisch ausgestaltet wird.

→ Diesem musste wegen eines Oberschenkeldurchschusses das Bein amputiert werden, was der schwerkranke Verwundete jedoch noch nicht realisiert hat. Die Kameraden sprechen dem bereits vom Tode Gezeichneten Mut zu, während sie, von einem praktischen Überlebenssinn getrieben, bereits auf seine guterhaltenen Fliegerstiefel spekulieren.

→ Die den Roman durchziehende Generationsproblematik wird durch einen Brief des ehemaligen Gymnasiallehrers Kantorek an den jungen Soldaten Albert Kropp ebenfalls auf den ersten Seiten angedeutet. In einem Rückblick beschreibt der Ich-Erzähler und ehemalige Klassenkamerad Kropps den einstigen Klassenlehrer als verantwortungslosen Kriegstreiber, dafür verantwortlich, dass die ganze Klasse sich geschlossen als Freiwillige meldete.

→ Auf Kriegseuphorie und Zukunftsoptimismus folgte für diese junge Kriegsgeneration bald die bittere Erkenntnis, „daß unser Alter ehrlicher war als das ihre; sie hatten vor uns nur die Phrase und die Geschicklichkeit voraus. Das erste Trommelfeuer zeigte uns unseren Irrtum, und unter ihm stürzte die Weltanschauung zusammen, die sie uns gelehrt hatten." (S. 17)

→ Das dritte große Thema des Romans, das Schildern dieser um Jugend und Ideale betrogenen „Verlorenen Generation", wird damit ebenfalls eingeführt.

Aufgabe 4 ***

> **Gymnasiale Oberstufe**
> Nehmen Sie kritisch Stellung zu den Ausführungen von Hans-Joachim Bernhard bezüglich der Struktur des Romans.

Mögliche Lösung in knapper Fassung:
Aufbau und Inhalt der literarischen Erörterung umfasst folgende Aspekte in einer angemessenen Darstellung (Präsens):

→ Hans Joachim Bernhard bemängelt an Remarques Roman vor allem die geringe künstlerische Ausgestaltungskraft, die sich darin erschöpfe, dass Kriegsepisoden übergangs- und zusammenhanglos aneinandergereiht werden.

→ Als Beispiele für das Fehlen einer „epischen Fabel" gibt er die Lazarett-Episode an, den Feuerüberfall auf den Friedhof sowie die Szene, in der Mittelstaedts Rache am ehemaligen Lehrer Kantorek geschildert werden, und behauptet, hier könne man die Reihenfolge beliebig vertauschen, ohne dass sich an der Gesamtaussage etwas ändern würde.

→ Zuzustimmen ist Bernhard darin, dass in dem Roman tatsächlich auf weiten Strecken kriegstypische Standardsituationen (Grundausbildung, Fronteinsätze, Lazarettaufenthalt, Heimaturlaub etc.) episodenhaft dargestellt werden, wie Remarque in einem Brief an Sir Ian Hamilton (vgl. Kapitel 3.1 des vorliegenden Bandes) es auch selbst formuliert hat.

→ Diese Episoden sind jedoch keineswegs willkürlich aneinandergereiht, sondern folgen dem Prinzip der Kontrastbildung zwischen Ruhe und Bewegung, Gegenwart und Vergangenheit, Leben und Tod.

→ So folgen z.B. auf nervenzehrendes Warten im Barackenlager (Kapitel 3) spannungsgeladene Gefechtsszenen an der Front (Kapitel 4), woran Beschreibungen des geruhsamen Etappenlebens („Gänsebraten"-Episode) in Kapitel 5 anschließen. In Kapitel 6 steigt dann durch erneute Grabenkämpfe, Trommelfeuer und Sturmangriff die Spannung wieder an und flacht im darauffolgenden 7. Kapitel (Liebesabenteuer mit der Französin, Heimaturlaub) erneut ab.

→ Selbst der Aufbau der einzelnen Kapitel orientiert sich weitgehend am Spannungsprinzip, was z. B. im 6. Kapitel mit seinen Kampfbeschreibungen (Anspannung vor dem Kampf – Frontkoller beim Trommelfeuer – grausamer Mann-gegen-Mann-Kampf – gespenstische Ruhe danach) augenfällig wird.

→ Auch der psychische Wandlungsprozess des Ich-Erzählers Paul Bäumer, der vor allem in den Kapiteln 7 bis 9 dargestellt wird, ist ohne eine von Remarque bewusst komponierte Szenenfolge undenkbar: Während in Kapitel 7 Bäumers enge Bindung an seine Mutter und seine Heimat thematisiert wird, wovon er sich im Verlauf seines Heimaturlaubs zunehmend entfremdet, fasst er im Heidelager neue Lebensentwürfe ins Auge und solidarisiert sich mit den russischen Kriegsgefangenen (Kapitel 8). Die für Bäumers Selbstverständnis existenzielle Duval-Episode in Kapitel 9 wird ebenso bewusst vorbereitet und das langsame Sterben des von ihm im Nahkampf getöteten Gegners konfrontiert ihn schließlich mit der ganzen Schwere seiner (bisher für ihn abstrakt bleibenden) Schuld, worauf er in Kapitel 10 Mitleid und Verständnis für das Elend der französischen Zivilbevölkerung zeigt.

→ Angesichts der von Bernhard bemängelten fehlenden „epischen Fabel" führe man sich Remarques in seinem Prolog formulierte Programmatik vor Augen, „...über eine Generation zu berichten, die vom Kriege zerstört wurde – auch wenn sie seinen Granaten entkam". Die physische und psychische Zerstörung vor allem der jungen Kriegsgeneration, einer „Verlorenen Generation", die durch ihre traumatischen Fronterlebnisse fortan für ein bürgerliches Leben unbrauchbar geworden war, kann als roter Faden bzw. „epische Fabel" gesehen werden, woran sich Szenenauswahl, Figurendarstellung, Sprache und Stil des Romans orientieren.

LITERATUR

Zitierte Ausgabe:
Remarque, Erich Maria: *Im Westen nichts Neues*. In der Fassung der Erstausgabe mit Anhang und einem Nachwort herausgegeben von Thomas F. Schneider. KiWi Taschenbücher Nr. 1368. Köln: Kiepenheuer & Wietsch, 2. Auflage 2014.

Primärliteratur:
Remarque, Erich Maria: *Der Weg zurück*. Hrsg. und mit einem Nachwort von Tilman Westphalen. Köln: Kiepenheuer & Witsch, 2002.
Remarque, Erich Maria: *Drei Kameraden*. München: Kurt Desch, 1951.
Remarque, Erich Maria: *Ein militanter Pazifist. Texte und Interviews 1929–1966*. Hrsg. und mit einem Vorwort von Thomas F. Schneider. Köln: Kiepenheuer & Witsch, 1998.
Remarque, Erich Maria: *Das unbekannte Werk. Frühe Prosa, Werke aus dem Nachlass, Briefe und Tagebücher*. Hrsg. von Thomas F. Schneider. Köln: Kiepenheuer & Witsch, 1998.
Frank, Bruno: *Erster Hinweis*. In: Das Tagebuch, Berlin, 19. Januar 1929.
Frank, Leonhard: *Der Mensch ist gut*. München: Nymphenburger Verl. Hdlg., 1918.
Jünger, Ernst: *In Stahlgewittern*. Leisnig: Robert Meier, 1920.
Jünger, Ernst: *Der Kampf als inneres Erlebnis*. Berlin: Mittler, 1922.
Köppen, Edlef: *Heeresbericht*. Berlin: Horen-Verl., 1930.
Schauwecker, Franz: *Aufbruch der Nation*. Berlin: Frundsberg, 1929.

Sekundärliteratur:
Antkowiak, Alfred: *Erich Maria Remarque*. In: Toper, Pawel/ Antkowiak, Alfred: Ludwig Renn, Erich Maria Remarque. Leben und Werk. Berlin: Volk & Wissen, 1965, S. 99–215 (Schriftsteller der Gegenwart, Bd. 14).

Baumer, Franz: *E. M. Remarque*. Berlin: Colloquium-Verlag, 1976 (Köpfe des XX. Jahrhunderts, Bd. 85).

Bekes, Peter: *Erich Maria Remarque: Im Westen nichts Neues*. München: Oldenbourg, 1998 (Oldenbourg Interpretationen, Bd. 90).

Bernhard, Hans Joachim: *Der Weltkrieg im Werk Ernst Jüngers, Erich Maria Remarques und Arnold Zweigs. Ein Beitrag zum Problem des Realismus in der deutschen Literatur des 20. Jahrhunderts*. Diss. Rostock 1958.

Blöcker, Günter: *Ein Hamlet in Knobelbechern*. In: Frankfurter Allgemeine Zeitung, 25. Januar 1980.

Brautsch, Johannes: *Untersuchungen über die Publikumswirksamkeit der Romane „Im Westen nichts Neues" und „Der Weg zurück" von Erich Maria Remarque vor 1933*. Diss. Potsdam 1969.

Eggebrecht, Axel: *Gespräch mit Remarque*. In: Die literarische Welt Jg. 5 (1929), Heft 24, 14. Juni 1929, S. 1 f.

Geldern, Robert van: *Erich Maria Remarque Lays Down Some Rules for the Novelist*. In: The New York Times Book Review, 27. Januar 1946.

Rabe, Hanns-Gerd: *Erich Maria Remarque 1898–1970*. In: Niedersächsische Lebensbilder, Heft 8/1973, S. 193–211.

Reich-Ranicki, Marcel: *Sein Geschmack war der von Millionen. Zum Tode Erich Maria Remarques*. In: Die Zeit, 2. Oktober 1970, S. 15.

Rüter, Hubert: *Erich Maria Remarque: Im Westen nichts Neues. Ein Bestseller der Kriegsliteratur im Kontext*. Paderborn: Schöningh, 1980.

Scherp, Wilhelm: *Der Gefangene seines Ruhmes. Remarque spricht über sich selbst*. In: Kölnische Zeitung Nr. 648, 26. November 1929.

Schneider, Thomas F. (Hg.): *Erich Maria Remarque: Ein Chronist des 20. Jahrhunderts. Eine Biographie in Bildern und Dokumenten*. Bramsche: Rasch, 1991.

Schneider, Thomas F. (Hg.): *Erich Maria Remarque. Leben, Werk und weltweite Wirkung*. Osnabrück 1998 (Schriften des Erich Maria Remarque-Archivs, Bd. 12).

Sternburg, Wilhelm von: *„Als wäre alles das letzte Mal". Erich Maria Remarque: Eine Biographie*. Köln: Kiepenheuer & Witsch, 21998. → Untersucht Verbindungen zwischen den Romanen und der Biografie des Autors. Stellt Entstehungsgeschichte und Aussage der Romane in den jeweiligen zeithistorischen Zusammenhang der Romane.

Zuckmayer, Carl: *Erich Maria Remarque: Im Westen nichts Neues*. In: Berliner Illustrirte [sic] Zeitung, 31. Januar 1929.

Material zu E. M. Remarque:

Erich Maria Remarque-Archiv der Universität Osnabrück
 Erich Maria Remarque-Archiv/Forschungsstelle Krieg und Literatur, Universität Osnabrück, Markt 6, 49074 Osnabrück

Erich Maria Remarque-Friedenszentrum
 Gemeinsame Einrichtung der Stadt und Universität Osnabrück
 → http://www.remarque.uos.de/

Verfilmungen:

All Quiet on the Western Front – Im Westen nichts Neues.
USA 1930. Regie: Lewis Milestone.
All Quiet on the Western Front – Im Westen nichts Neues.
USA/Großbritannien 1979. Verfilmung für das Fernsehen.
Regie: Delbert Mann.

STICHWORTVERZEICHNIS

autobiografische Bezüge 23, 30
Bücherverbrennung 6
chronologisches Erzählen 56
Dolchstoßlegende 19
Drei Kameraden 12, 26, 27
Duval-Episode 49, 62, 67, 126
Euphemismen 8, 88, 95
Fortsetzungsroman 11, 30
Generationsproblematik 48, 51, 53, 124
Hitler, Adolf 6, 15, 20
Humor 8, 27, 50, 88, 94
Jünger, Ernst 30, 36, 112, 113
Naturbeschreibungen 51, 78
Prolog 53, 69, 71, 123, 126
Rückblenden 50, 51, 56, 65
Tiermetaphorik 88
Traumbude, Die 10, 21
Trilogie 6
Ullstein-Konzern 30, 35
Verfilmung 106, 108
Versailler Vertrag 6, 15, 18, 19
Vossische Zeitung 30
Weg zurück, Der 11, 12, 22, 26, 83
Weimarer Republik 6, 19, 23, 102, 106
Weltwirtschaftskrise 6, 15, 20
Wilhelm II., Kaiser 15, 17
Zeitraffung 65